Manchester auf einen Blick

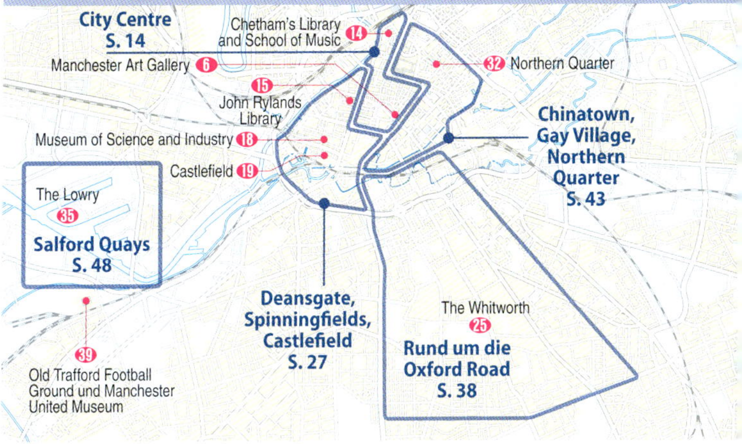

7 Manchester entdecken

8 Manchester für Citybummler
9 Kurztrip nach Manchester
10 Das gibt es nur in Manchester
12 Stadtspaziergang

14 Mittendrin: das City Centre
14 ❶ Town Hall ★★★ [D3]
15 ❷ Albert Square ★★ [D3]
16 ❸ Free Trade Hall ★ [C4]
17 ❹ The Midland ★ [D4]
18 ❺ Central Library ★★ [D4]
19 ❻ Manchester Art Gallery ★★★ [D4]
20 ❼ The Portico Library and Gallery ★ [D3]
20 ❽ St Mary's Church ★ [C3]
20 ❾ St Ann's Square und St Ann's Church ★★ [C3]
22 ❿ The Royal Exchange ★★ [D2]
22 Die Manchester-Bombe
23 ⓫ Barton Arcade ★ [C2]
23 ⓬ National Football Museum ★★ [D2]
24 ⓭ Manchester Cathedral ★★ [D2]
25 ⓮ Chetham's Library and School of Music ★★★ [D1]
26 Friedrich Engels in Manchester

27 Deansgate, Spinningfields, Castlefield
27 ⓯ John Rylands Library ★★★ [C3]
28 ⓰ People's History Museum ★★ [B3]
29 ⓱ Beetham Tower ★ [C5]
29 ⓲ Museum of Science and Industry ★★★ [B4]

W0204165

◁ Auch das ist Manchester: kreativ, spontan und gegen den Strich gebürstet (072ma Abb.: kw)

31 *„What Manchester does today ...“ – die Stadt der Innovation*
33 19 Castlefield ★★★ [B5]
34 *Germancs – die Deutschen in Manchester*
37 20 HOME ★★ [C5]
37 21 Bridgewater Hall ★ [C5]

38 **Der Kulturkorridor: rund um die Oxford Road**
38 22 The International Anthony Burgess Foundation ★ [D5]
38 23 Manchester Museum ★★ [F7]
39 *Spuk im Museum – der merkwürdige Tanz des Neb-Senu*
39 24 Holy Name Church ★★ [di]
40 25 The Whitworth ★★★ [dj]
41 26 Curry Mile ★ [dj]
41 27 Elizabeth Gaskell House ★★ [di]
42 28 Victoria Baths ★ [ej]

43 **Ausgehviertel: Chinatown, Gay Village, Northern Quarter**
43 29 Chinatown ★ [E4]
43 30 Canal Street ★★ [E4]
44 31 Piccadilly Gardens ★ [E3]
45 *Alan Turing*
45 32 Northern Quarter ★★★ [E2]
46 33 Greater Manchester Police Museum ★ [F3]
47 *Manchester als Filmkulisse*
48 34 Ancoats ★ [F2]

48 **Der alte Hafen: Salford Quays**
49 35 The Lowry ★★★ [ai]
49 36 Imperial War Museum North ★★ [ai]
50 37 Media City UK ★★ [ai]

51 **Entdeckungen außerhalb des Zentrums**
51 38 Salford Lads Club ★ [bi]
51 39 Old Trafford Football Ground und Manchester United Museum ★★★ [aj]
51 40 Etihad Stadium ★★ [eh]
52 *Die „Reds“ und die „Blues“ – Manchesters Fußballklubs*
54 41 The Trafford Centre ★ [s. Faltplan]
55 42 Beech Road, Chorlton ★★ [s. Faltplan]
55 43 The Monastery ★★ [fi]

56 **Entdeckungen in der Umgebung**
56 44 Lyme Hall ★★ [s. Faltplan]
57 45 Buxton ★★ [s. Faltplan]
59 46 Mam Tor ★★ [s. Faltplan]
59 47 Hebden Bridge ★★ [s. Faltplan]
60 *Peak District National Park*
61 48 The Brontë Parsonage Museum ★★ [s. Faltplan]

Anna Regeniter

CITY|TRIP

MANCHESTER

Nicht verpassen!

Karte S. 3

6 Manchester Art Gallery [D4]
Manchesters Kunstmuseum beherbergt neben hochkarätigen Werken von u. a. Picasso oder Rodin eine der weltweit bedeutendsten Sammlungen präraffaelitischer Gemälde (s. S. 19).

14 Chetham's Library and School of Music [D1]
Hier schlägt das Herz des alten Manchester: Schon Marx und Engels benutzten die älteste Leihbibliothek der englischsprachigen Welt, um in den mittelalterlichen Räumen an ihren Ideen zu feilen (s. S. 25).

15 John Rylands Library [C3]
Gotische Zinnen, lauschige Lesenischen und eine der wertvollsten Manuskriptsammlungen ganz Englands: Die in der Form einer Kathedrale erbaute viktorianische Bibliothek erinnert an Harry Potters Zauberschule (s. S. 27).

18 Museum of Science and Industry [B4]
Vom ältesten Passagierbahnhof der Welt bis zu den neuesten Errungenschaften der Wissenschaft: Sowohl die Vergangenheit als auch die Zukunft Manchesters werden im Museum of Science and Industry fesselnd dargestellt (s. S. 29).

19 Castlefield [B5]
Kanäle mit bunten Hausbooten, alte Eisenbahnviadukte und daneben die Überreste des römischen Lagers Mamucium: Castlefield gehört zu den stimmungsvollsten Vierteln der Stadt (s. S. 33).

25 The Whitworth [jd]
Die herrlich gelegene Kunstgalerie im Whitworth Park lockt mit hochkarätigen Ausstellungen und einem Skulpturengarten (s. S. 40).

32 Northern Quarter [E2]
Kneipen, schräge Boutiquen und etliche Musikschuppen: Das Kreativ- und Ausgehviertel wird abends zum pulsierenden Herz der Stadt (s. S. 45).

35 The Lowry [ai]
Das Kulturzentrum am breiten Schiffskanal ist schon seiner gewagten Architektur wegen ein Muss für Kunstliebhaber (s. S. 49).

39 Old Trafford Football Ground und Manchester United Museum [aj]
Bei einer Stadiontour darf man in die Fußstapfen der Stars treten und im Museum erfährt man alles Wissenswerte über den Klub und das Stadion (s. S. 51).

Leichte Orientierung mit dem cleveren Nummernsystem

Die Sehenswürdigkeiten sind im Text und im Kartenmaterial mit derselben **magentafarbenen ovalen Nummer** 1 markiert. Alle anderen Lokalitäten wie Geschäfte, Restaurants usw. tragen ein **Symbol und eine fortlaufende rote Nummer** (1). Die Liste aller Orte befindet sich auf S. 140, die Zeichenerklärung auf Seite 143.

PIERCING

63 Manchester erleben

64 Manchester für Kunst- und Museumsfreunde
67 Manchester für Genießer
72 Das Comeback der Teestuben
77 Manchester am Abend
82 Stag und Hen Party – schriller Junggesellenabschied
84 Von den Smiths bis zu Oasis – Popmusik made in Manchester
87 Manchester für Kauflustige
92 Manchester zum Träumen und Entspannen
94 Zur richtigen Zeit am richtigen Ort

97 Manchester verstehen

98 Das Antlitz der Metropole
100 Von den Anfängen bis zur Gegenwart
101 Das Peterloo-Massaker
102 Leben in der Stadt
105 „Alright, our kid" – kleines Manc-Wörterbuch
106 Von Rainy City zu Craney City – eine Stadt im Wandel

109 Praktische Reisetipps

110 An- und Rückreise
112 Autofahren
112 Barrierefreies Reisen
113 Diplomatische Vertretungen
113 Elektrizität
113 Geldfragen
114 Manchester preiswert
114 Informationsquellen
116 Meine Literaturtipps
116 Internet und Internetcafés
117 Maße und Gewichte
117 Medizinische Versorgung
117 Mit Kindern unterwegs
118 Notfälle
119 Öffnungszeiten
119 Post
119 Radfahren
120 Infos für LGBT+
121 Sicherheit
121 Stadttouren
122 Telefonieren
123 Uhrzeit
123 Unterkunft
126 Verhaltenstipps
127 Verkehrsmittel
130 Wetter und Reisezeit

131 Anhang

132 Kleine Sprachhilfe
136 Register
139 Die Autorin
139 Schreiben Sie uns
139 Impressum
140 Liste der Karteneinträge
143 Zeichenerklärung
143 Manchester mit PC, Smartphone & Co.
144 Übersichtskarte Manchester

Zeichenerklärung

★★★ nicht verpassen
★★ besonders sehenswert
★ wichtig für speziell interessierte Besucher

[A1] Planquadrat im Kartenmaterial. Orte ohne diese Angabe liegen außerhalb unserer Karten. Ihre Lage kann aber wie die von allen Ortsmarken mithilfe der begleitenden Web-App angezeigt werden (s. S. 143).

Vorwahlen

› für Großbritannien: 0044
› Manchester: 0161

Updates zum Buch

www.reise-know-how-de/citytrip/manchester18

Adressen

Bei Adressen sind meist auch die *Postcodes* (Postleitzahlen) angegeben, z. B. M602DS.

Es könnte keine bessere Zeit geben, um Manchester zu besuchen. Keine andere Stadt Großbritanniens hat in den letzten Jahren einen solchen Umbruch erlebt wie die nordenglische Metropole: Neue Kulturzentren, Hotels und sogar ganze Stadtteile schießen wie Pilze aus dem Boden. Gleichzeitig haben Sehenswürdigkeiten wie die Kunstgalerie The Whitworth oder die Central Library nach Renovierungsarbeiten endlich wieder ihre Türen geöffnet und der St Peter's Square ist dabei, sich zu einem der schönsten Plätze der Stadt zu mausern. Weitere spannende Neuerungen:

Neues Kulturzentrum

HOME, eines der größten Kulturzentren Nordenglands, lockt mit spannenden Aufführungen, Ausstellungen und Vorträgen (s. S. 37).

Hotel Football

Direkt gegenüber dem Stadion von Manchester United befindet sich dieses neue Hotel, auf dessen Dach Gäste mit Sicht auf Old Trafford Fußball spielen können (s. S. 124).

Neuer Konzert-Hotspot

Früher Kirche, jetzt stimmungsvolle Livemusikhalle: Die neu eröffnete Albert Hall hat sich schnell zu einem der beliebtesten Veranstaltungsorte für Konzerte in Manchester entwickelt (s. S. 83).

Gastronomietipp

In der herrlichen ehemaligen Getreidebörse Corn Exchange haben 2016 etliche gute Restaurants wie Salvi's Mozzarella Bar ihre Türen geöffnet (s. S. 75).

540ma Abb.: ar

MANCHESTER ENTDECKEN

Manchester für Citybummler

Viktorianische Prunkbauten, moderne Stahl- und Glasbauten, Gebäude aus dem Mittelalter: Manchester ist eine Stadt der Gegensätze. Vergeblich sucht man aber nach einer wirklichen Altstadt: Altes und Neues ist überall bunt durcheinandergewürfelt.

Die Innenstadt Manchesters ist kompakt und ein großer Teil der Sehenswürdigkeiten ist vom Bahnhof Piccadilly aus **bequem zu Fuß zu erreichen.** Wem nach einem langen Tag die Füße weh tun, der kann sich in einen der kostenlosen **Metroshuttle-Busse** (s. S. 128) retten, die tagsüber alle Ziele in der Innenstadt anfahren. Um sich einen Überblick über die Sehenswürdigkeiten im Zentrum zu verschaffen, empfiehlt sich der auf S. 12 vorgeschlagene **Stadtspaziergang.**

Die zwei ältesten Bezirke Manchesters befinden sich jeweils direkt nördlich und südlich des Zentrums: das mittelalterliche **Cathedral Quarters** um die über 600-Jahre alte Kathedrale 13 und das beschauliche **Castlefield** 19, wo einst das Römerlager Mamucium entstand.

Am lebendigsten geht es in den quirligen **Einkaufsstraßen** um die Market Street [D2–E3] zu, die östlich an den Platz **Piccadilly Gardens** 31 grenzt. Die unmittelbare Nähe zum Bahnhof und zu Straßenbahn- und Busverkehrsknotenpunkten machen ihn zu einem beliebten Treffpunkt. Nördlich an den Platz schließt das lebendige **Northern Quarter** 32 an, das mit seinen vielen Cafés und kleinen Läden zum Bummeln einlädt und abends dank seiner Musikkneipen und Klubs viele Nachtschwärmer anlockt. Südlich hiervon liegen **Chinatown** 29 und das **Gay Village** (s. S. 43), wo es an Wochenenden laut und lustig zugeht. Die **Museen rund um die Oxford Road** liegen zum Teil mehr als 1 km vom Zentrum entfernt, aber die Straße gehört zu den dichtbefahrensten Busrouten Europas, weshalb man selten länger als einige Minuten auf den nächsten Doppeldecker warten muss. Wer die hypermodernen **Salford Quays** (s. S. 48) mit der BBC-Zentrale und mehreren Museen von Weltklasse erkunden will, nimmt dafür am besten die Straßenbahn Metrolink bis zur Harbour City oder einen Stopp weiter bis zur MediaCityUK. Das gleiche gilt für das Stadion **Old Trafford** 39 und besuchenswerte Vororte wie **Chorlton** 42: Sie sind alle innerhalb von rund 15 Minuten mit der Metrolink zu erreichen. Chorlton lockt nicht nur mit seinen gemütlichen Pubs und Cafés, in denen es etwas gemächlicher zugeht als in der Innenstadt, es gibt Besuchern auch einen guten Einblick in das Alltagsleben abseits des Zentrums.

004ma Abb.: ar

Vorseite: Das Imperial War Museum North 36 von Architekt Daniel Libeskind

Das Stadtbild Manchesters ist geprägt vom roten Backstein

Kurztrip nach Manchester

Roter Backstein und moderne Glasbauten: Manchester ist eine Stadt, in der Altes und Neues locker nebeneinander existieren, wo sich Tradition und Innovation gleichermaßen zu Hause fühlen. Wer abends ankommt, sollte den unvergleichlichen Panoramablick von der Bar **Cloud 23** (s. S. 81) hoch oben auf dem **Beetham Tower** 17 genießen und sich eventuell anschließend die älteste Bibliothek der englischsprachigen Welt anschauen – die **Chetham's Library** 14 ist leider nur von Montag bis Freitag geöffnet.

Das Herz der Stadt ist der Rathausplatz **Albert Square** 2, von wo aus der deutsche Gemahl Königin Victorias, Prinz Albert von Sachsen-Coburg und Gotha, auf die von ihm geliebte Stadt blickt. Am quirligsten aber zeigt sich Manchester in seinem Einkaufsviertel um die Fußgängerzone **Market Street** [D2–E3] herum. Abends füllen sich die Pubs, Bars und Musikschuppen im Kreativviertel **Northern Quarter** 32, wo die Lebensfreude der Einheimischen auch Besucher mitreißt.

1. Tag

Am ersten Tag in Manchester heißt es, das City Centre mit seinen vielen Sehenswürdigkeiten zu besichtigen. Hierfür bietet sich der im Abschnitt auf S. 12 beschriebene **Stadtspaziergang** an. Er führt von der Kathedrale 13 über Spinningfields und Castlefield 19 in das Northern Quarter 32, wo man sich in einem der vielen Cafés und Restaurants verwöhnen lassen kann. Besonders schön ist die Atmosphäre im **Northern Quarter Restaurant** (s. S. 71), wo man freie Sicht auf den ehemaligen Fischmarkt hat. Gut aber günstig isst es sich im Restaurant **Home Sweet Home** (s. S. 70). Anschließend kann man durch die umliegenden kleinen Straßen bummeln, wobei man sich die Künstlerstudios im **Craft and Design Centre** (s. S. 91) nicht entgehen lassen sollte, die in einer herrlich restaurierten viktorianischen Markthalle untergebracht sind. Wer noch Energie hat, kann sich in der **Market Street** [D2–E3] weiter von Geschäft zu Geschäft treiben lassen: Die Läden schließen erst um 20 Uhr. Der Abend wird in England dann ohne Zweifel mit einem **Pubbesuch** eingeleitet. Zu den schönsten historischen Kneipen Manchesters gehören **The Briton's Protection** (s. S. 79) und **The Peveril of the Peak** (s. S. 80), beide in der Nähe des Bahnhofs Oxford Road. Weiter geht es gleich um die Ecke in den **Black Dog NWS** (s. S. 81), wo DJs bis spät in die Nacht auflegen, oder zum ähnlich beliebten **Gorilla** (s. S. 70) gleich nebenan. Wer es eher klassisch mag, findet um die Ecke die **Bridgewater Hall** 21, in der an den meisten Abenden hervorragende Konzerte stattfinden.

2. Tag

Nach einem kräftigen englischen Frühstück sollte man sich heute die Zeit nehmen, zu den **Salford Quays** (s. S. 48), dem ehemaligen Binnenhafen der Stadt, zu fahren, wo man nicht nur schon das Meer erahnen, sondern sich auch zwei Museen von Weltklasse anschauen kann. Von Piccadilly aus fährt man dafür mit der Metrolink in 15 Minuten bis zum Stop MediaCityUK und läuft an den BBC-Gebäuden entlang zum Manchester

Das gibt es nur in Manchester

- ***Der erste Passagierbahnhof der Welt:*** *Der Bahnhof Liverpool Road, heute Teil des Museum of Science and Industry* **18**, *gilt als ältester Passagierbahnhof der Welt. Mit einer altmodischen Dampflok kann man noch heute den ersten Streckenabschnitt befahren.*
- ***Popmusik:*** *Keine andere Stadt Englands hat so viele erfolgreiche Bands hervorgebracht wie Manchester. Bei einem Besuch der allabendlichen Konzerte in Musikkneipen wie dem Night & Day Cafe (s. S. 82) stehen die Chancen gut, die nächste Musiksensation des Landes zu entdecken.*
- ***Manchester Egg:*** *Die leckere Speise, die aus einem eingelegten Ei besteht, das mit Blutwurst umhüllt, mit Brotkrumen paniert und anschließend frittiert wird, ist in vielen Pubs wie dem The Castle Hotel (s. S. 80) als Snack erhältlich.*
- ***Alternativkaufhaus Afflecks*** *(s. S. 88): Ein Einkaufserlebnis der anderen Art bekommt man in diesem labyrinthartigen Bazaar von Kleinhändlern, bei denen man über vier Stockwerke verteilt von „clubwear" bis zu ausgefallenen Kostümen so gut wie alles findet und wo selbst Weltstars wie Lady Gaga gern shoppen gehen.*
- ***Ältestes Bibelfragment der Welt:*** *Die John Rylands Library* **15** *sieht nicht nur aus wie eine Kathedrale, sondern beherbergt auch das älteste neutestamentliche Bibelfragment der Welt, das sogenannte Johannes-Fragment.*

Ship Canal. Von hier eröffnet sich ein eindrucksvoller Blick über das Wasser und auf das von Daniel Libeskind entworfene **Imperial War Museum North** **36**. Die Besichtigung des Museums sollte man unbedingt mit einer Fahrt zum Aussichtsturm verbinden, um sich die Salford Quays auch aus der Vogelperspektive anzuschauen.

Über eine Fußgängerbrücke geht es anschließend weiter zum futuristisch anmutenden Kulturzentrum **The Lowry** **35**, wo die weltweit größte Sammlung an Gemälden des Malers L.S. Lowry untergebracht ist. Mittags verwöhnt man sich entweder im **Prezzo** (s. S. 75) oder macht ein Picknick an der schönen Uferpromenade. Für Fußballfans bietet sich nun an, das nahegelegene **Old Trafford** **39**, das Stadion von Manchester United, zu besuchen. Menschen mit Fußball-Phobie sei stattdessen empfohlen, zurück in die Innenstadt zu fahren und den faszinierenden Kulturkorridor um die **Oxford Road** (s. S. 38) zu erforschen. Besonders **The Whitworth** **25** sollte man dabei nicht auslassen: Hier sind neben Werken der europäischen Meister auch die der Stars der modernen britischen Kunstszene zu sehen.

Abends bietet es sich an, eine kleine Weltreise zu machen: entweder nach **Chinatown** **29**, um sich im eleganten Restaurant **Yang Sing** (s. S. 75) verwöhnen zu lassen, oder zu den würzigen Düften der **Curry Mile** **26**, wo das Essen besonders im **Mughli** (s. S. 74) hervorragend schmeckt. „Party People" können weiter in das **Northern Quarter** ziehen, um im **Night & Day Cafe** (s. S. 82) oder im **Deaf Institute** (s. S. 83) eine neue Band zu entdecken, und dann in Klubs wie dem **Warehouse Project** (s. S. 85) oder **Fac 251** (s. S. 85) bis in die Morgenstunden weiterzufeiern.

003ma Abb.: ar

3. Tag

Am dritten Tag sollte man sich Zeit für eine ausführliche Besichtigung einer der Museen Manchesters nehmen (s. S. 64) oder eine der weniger bekannten Sehenswürdigkeiten in den Vororten erkunden. Wer nach zwei Tagen des intensiven Sightseeings stattdessen Sehnsucht nach etwas Ruhe hat, könnte auch an einem Ausflug in die atemberaubende Umgebung Manchesters Gefallen finden. Ein Ziel, das mit dem Zug in ca. 35 Minuten gut erreicht werden kann, ist das hübsche Städtchen **Hebden Bridge** 47 in der Grafschaft Yorkshire. Der malerisch an den Hängen des Calder-Tals gelegene Ort lockt schon seit Jahrzehnten viele Künstler an, und so finden sich hier etliche Kunstgalerien, Boutiquen und hübsche Cafés. Der Ort ist außerdem ein perfekter Ausgangspunkt für Wanderungen durch die Moore oder entlang des malerischen Rochdale Canal. Alternativ bietet sich ein Ausflug in den nahen **Nationalpark Peak District** an, der ebenfalls per Zug schnell zu erreichen ist. Besonders schön ist das von Gärten und wildromantischen Moorlandschaften umgebene Herrenhaus **Lyme Hall** 44, das immer wieder als Kulisse für Kostümfilme herhält.

Wieder in Manchester angekommen, lässt man den Tag vielleicht in einem Gastropub wie **Mr Thomas's Chop House** (s. S. 70) ausklingen, wo man in lockerer Atmosphäre gut speisen kann, oder man besucht eine Aufführung oder Filmvorstellung im Kunst- und Kulturzentrum HOME 20

Bunter Mix aus Alt und Neu: der Blick vom Rochdale Canal zum Beetham Tower 17

Stadtspaziergang

Wer die wichtigsten Sehenswürdigkeiten der Stadt auf einem Rundgang kennenlernen will, ist herzlich eingeladen, diesem Routenvorschlag zu folgen. Der Spaziergang dauert ohne Museumsbesuche rund vier Stunden.

Los geht es in den Cathedral Gardens mit dem außergewöhnlichen Glasbau des **National Football Museum** ⓬ zur Linken und der mittelalterlichen **Chetham's School of Music and Library** ⓮ zur Rechten. Man läuft an der **Kathedrale** ⓭ vorbei, deren Besichtigung allein schon wegen ihrer beeindruckenden Glasfenster zum Pflichtprogramm eines jeden Manchester-Besuchs gehören sollte, und dann durch die New Cathedral Street, wo sich einige der exklusivsten Geschäfte der Stadt angesiedelt haben. Die Straße kreuzt bald die geschäftige Einkaufsstraße Market Street und führt auf den hübschen **St Ann's Square** ❾ zu, an dem neben der Kirche St Ann's auch die ehemalige Börse **The Royal Exchange** ❿ und die viktorianische Einkaufspassage **Barton Arcade** ⓫ zu finden sind.

Links hinter der Kirche befindet sich der historische Pub **Mr Thomas's Chop House** (s. S. 70), hinter dem man durch eine enge Seitengasse auf die Cross Street stößt. Dieser nach rechts folgend, gelangt man zum **Albert Square** ❷ und zur **Town Hall** ❶, dem Rathaus, das zu einem der großartigsten neugotischen Bauten Großbritanniens gehört. Nun verläuft die Route geradeaus durch die Southmill Street bis zur Kreuzung mit der Peter Street. Es lohnt sich ein kurzer Blick nach rechts: Das Gebäude, in dem nun das Radisson-Hotel untergebracht ist, war früher als **Free Trade Hall** ❸ bekannt und über 150 Jahre hinweg Schauplatz etlicher geschichtsträchtiger Auftritte und Konzerte. Es geht geradeaus weiter über die Southmill Street und dann links in die Windmill Street zum ehemaligen Hauptbahnhof **Manchester Central** [C4], in dem heute ein Kongresszentrum untergebracht ist und von dem man einen guten Blick auf das imposante rote Gebäude des Hotels **The Midland** ❹ hat, in dem sich einst Charles Rolls und Henry Royce zum ersten Mal trafen.

Der Spaziergang geht jetzt links ab auf die Lower Mosley Street und dann auf den **St Peter's Square** zu. Nicht nur der Name erinnert an Rom, sondern auch die dem Pantheon nachempfundene kreisrunde **Central Library** ❺. Der Spaziergang führt nun an den Schienen der Tram entlang bis zur **Manchester Art Gallery** ❻, der größten Kunstsammlung der Stadt, und dann links ab über die Princess Street an der Nordseite der Town Hall entlang zurück zum Albert Square, wo gegenüber dem Rathaus eine Fußgängerpassage zur Brazenose Street führt. Es geht sofort wieder rechts in die Mulberry Street, wo sich hinter einer unscheinbaren Fassade die schöne **St Mary's Church** ❽ verbirgt, die im Volksmund nicht unverdient The Hidden Gem („das versteckte Juwel") genannt wird. Am Ende der Straße stößt man auf die Hauptstraße Deansgate, der man rechts bis zur herrlichen **John Rylands Library** ⓯ folgt, die nicht nur Bücherfans begeistern wird.

Durch die elegante Einkaufsstraße **The Avenue** (s. S. 87) gelangt man von hier aus nach **Spinningfields**, in das neue Finanz- und Businessviertel der Stadt. Bei Sonne laden die Liegestühle auf dem Hardman Square [B3] zu einer Ruhepause ein oder man folgt der Route weiter durch die Byrom Street [B4] am Park St John's Garden vorbei und dann nach links über die Camp Street zurück zur Straße Deansgate, der man bis zum Skyscraper **Beetham Tower** ⑰ folgt. Hier führt der Spaziergang weiter nach rechts in die Liverpool Road und bis zum Hotel/Gastropub The Oxnoble (s. S. 126). Gleich um die Ecke befindet sich das **Museum of Science and Industry** ⑱, für dessen Besuch man sich mehrere Stunden Zeit lassen sollte. Die Spaziergangsroute führt jedoch links ab durch einen kleinen Park zwischen dem The Oxnoble und The White Lion (s. S. 80) auf die Überreste eines Dorfes zu, welches im 1. Jahrhundert das römische Lager Mamucium umgab (s. S. 100). Gleich dahinter steht eine Nachbildung der römischen Befestigungsmauern, die 1984 auf den originalen Grundsteinen rekonstruiert wurden, und weiter rechts die Überreste eines antiken Kornspeichers.

Nun geht es hinunter zur **Castlefield Arena** am Duke Place [B5], die manchmal für Outdoor-Konzerte genutzt wird und direkt auf den Bridgewater Canal blickt. Der Spaziergang folgt dem Kanal nach links über die kleine schwarze Brücke zum hübschen Catalan Square [B5] und dann über eine weitere Brücke zum Pub **The Wharf** (s. S. 80), wo man bei gutem Wetter auf der Terrasse schön zu Mittag essen kann.

Man folgt weiter dem Kanal an den liebevoll bemalten Hausbooten vorbei, über zwei weitere Brücken und eine Treppe hoch nach links in die Castle Street zur Bar Duke 92. An deren Biergarten geht es nach rechts wieder hinunter zum Kanalpfad, dem man an der Schleuse **Deansgate Locks**, in deren Umfeld heute etliche Bars beheimatet sind, und am früheren Kult-Nachtklub The Haçienda vorbei folgt.

An der Schleuse 89 blickt man nach rechts auf das neue Kulturzentrum **HOME** ⑳ und nach links auf die Rain Bar, an deren Seite man über eine Treppe die Great Bridgewater Street erreicht. Die Route führt nun weiter nach links an dem historischen Pub **The Peveril of The Peak** (s. S. 80) vorbei und kreuzt dann die Oxford Road. Man folgt nun der Portland Street bis zur Princess Street und dann gleich wieder rechts in die Faulkner Street, die mit ihren exotischen Düften und asiatischen Restaurants den Mittelpunkt von **Chinatown** ㉙ markiert. Weiter geht es unter dem chinesischen Bogen hindurch und am Ende der Straße kurz nach rechts (New York Street), dann sofort wieder nach links in die Portland Street und auf das Besucherzentrum Manchesters (s. S. 114) zu.

Nun durchquert man den kleinen Park **Piccadilly Gardens** ㉛, geht am Riesenrad vorbei und gelangt zur Fußgängerzone Market Street. Hier zweigt nach rechts die Tib Street ab und führt ins **Northern Quarter** ㉜, wo man den Spaziergang mit einem *Afternoon Tea* abschließen kann. Dafür läuft man am besten am Alternativkaufhaus **Afflecks** (s. S. 88) vorbei und biegt links in die Thomas Street ein. In den umliegenden Sträßchen finden sich schöne Cafés, Bars und Läden, die zum Bummeln einladen. Um wieder zum Ausgangspunkt zurückzukehren, läuft man die Straße Shudehill [E2] zurück zum National Football Museum.

Routenverlauf im Stadtplan

Der hier beschriebene Spaziergang ist mit einer farbigen Linie im Stadtplan eingezeichnet.

Mittendrin: das City Centre

1 Town Hall ★★★ [D3]

Das Rathaus Manchesters ist die perfekte Verkörperung des viktorianischen Zeitalters: Extravagant kommt es daher, prahlerisch und grandios und symbolisiert so den großen Reichtum der Stadt am Ende des 19. Jahrhunderts.

Um einen wirklichen Eindruck von der Größe und Brillanz des Rathauses zu bekommen, lohnt es sich, einmal um den dreieckigen Gebäudekomplex herumzulaufen. Der **gotische Baustil** sollte die Verbindung zu den großen Hansestädten und besonders zu Holland verdeutlichen, von wo aus im Mittelalter die ersten Textilarbeiter nach Manchester gekommen waren. Über dem Haupteingang am Albert Square thront eine Statue des römischen Feldherren **Agricola**, der im Jahr 79 n. Chr. das römische Fort Mamucium gründete. Direkt über ihm ragt der 85 m hohe **Glockenturm** in die Höhe, von dem der **„große Abel"** zur Stunde läutet. Es handelt sich dabei um eine acht Tonnen schwere Glocke, die nach dem früheren Bürgermeister Abel Heywood benannt ist, dessen Amtszeit mit der Fertigstellung des Rathauses zusammenfiel. Heywood machte sich besonders mit seinem Einsatz für das allgemeine Wahlrecht und die Rechte von Arbeitern einen Namen. Auf dem „großen Abel" steht eine Zeile des Dichters Alfred Lord Tennyson: „Läute die Falschheit aus, läute ein die Wahrheit."

In der Eingangshalle thronen der Atomwissenschaftler **John Dalton** und der Physiker **James Prescott Joule**. Rechts von ihnen befindet sich die **Skulpturenhalle**, die in ein schönes Café umfunktioniert wurde und wo es sich zwischen den Abbildungen der berühmten Söhne der Stadt gut essen lässt.

Der Boden des Erdgeschosses ist mit **Baumwollmosaiken** geschmückt – ein Hinweis auf die wichtige Rolle der Textilindustrie für die Stadt. Über eine mit herrlichen Glasfenstern verzierte Treppe geht es hoch zur Vorzeigehalle des Rathauses, der **Great Hall**, die der Kunstkritiker John Ruskin den „wohl herrlichsten aller gotischen Säle in Europa" nannte. Vor dem Eintritt lohnt sich der Blick auf den Boden, wo in Mosaikform etliche **Bienen** abgebildet sind: Die emsige Arbeiterbiene ist das Symbol der Stadt.

In der Halle sind zwölf berühmte Malereien des präraffaelitischen Künstlers **Ford Madox Brown** (1821–1893) zu sehen, die die Geschichte der Stadt darstellen, von ihrem Anfang als römisches Lager bis zur Belagerung durch königliche Truppen während des Englischen Bürgerkriegs. Browns Gemälde erzählen auch von den Schattenseiten der Geschichte: So zeigen sie einen römischen Jungen, der einen afrikanischen Diener tritt, und den Erfinder John Kay, der vor verärgerten Arbeitern fliehen muss, die wegen seiner neuen Maschinen um ihre Stellen bangen müssen.

Das Rathaus wird weiter als das Verwaltungszentrum der Stadt benutzt und bei Treffen des Stadtrats, Hochzeiten oder ähnlichen Veranstaltungen sind große Teile des Gebäudes nicht zugänglich. Es lohnt sich deshalb, sich einer Führung anzuschließen, die am Visitor Information Centre (s. S. 114) gebucht werden

kann. In den Sommermonaten besteht auch die Möglichkeit, den Glockenturm zu besteigen. Wer sich das Gebäude ohne Führung anschauen will, bekommt an der Rezeption einen kostenlosen Besucherpass.

› Albert Square, M602LA, www.manchester.gov.uk/townhall. **Das Rathaus ist wegen umfassender Renovierungsarbeiten voraussichtlich bis 2024 geschlossen!**
› Auch eine **Besichtigung des Glockenturms** ist für die Zeit der Renovierungsarbeiten leider **nicht möglich.**

Ein Meisterwerk der Neugotik: die Town Hall mit ihrem 85 m hohen Glockenturm

2 Albert Square ★★ [D3]

Der Platz vor dem Rathaus ist Albert von Sachsen-Coburg und Gotha, dem deutschen Prinzgemahl Königin Victorias, gewidmet. Hier kommen die Bewohner Manchesters zusammen – sei es zum Feiern oder anlässlich von Demonstrationen.

Heute mag der Albert Square fast nur wie ein Vorplatz für das Rathaus wirken, das auf seiner östlichen Seite in den Himmel ragt. Als der Platz aber zwischen 1863 und 1867 gebaut wurde, stand das Rathaus noch gar nicht – die Arbeit an ihm begann erst ein Jahr nach der Fertigstellung des Albert Square. Der Platz wurde wenige Jahre nach dem Tod **Prinz Alberts,** der im Alter von 42 Jahren an Typhus starb, errichtet. Sein Tod stürzte Königin Victoria in tiefste Verzweiflung: „Mein Leben als glücklicher Mensch ist zu Ende", schrieb sie an ihren Onkel König Leopold I. von Belgien. Anders als Victoria selbst, die wenig Gefallen an der progressiven Stadt fand, bewunderte Albert Manchester und seine wissenschaftlichen Errungenschaften sehr, und so war es kaum überraschend, dass ihm gerade hier ein Denkmal gesetzt wurde.

Heute ist Prinz Albert vor allem dafür bekannt, dass er die deutsche Tradition des Weihnachtsbaums in England eingeführt hat. Kein Wunder also, dass jetzt jeden Dezember direkt neben seiner Statue der große **German Christmas Market** stattfindet, einer der größten Weihnachtsmärkte Englands.

Die anderen **Statuen** auf dem Albert Square ehren andere Männer des 19. Jahrhunderts, die mit Manchester in Verbindung standen: den viermaligen britischen Premierminister William Gladstone, den früheren Bischof von Manchester John Fraser, den Politiker John Bright und den Bankier und Philanthrop Oliver Heywood.

3 Free Trade Hall ★ [C4]

Obwohl hier schon seit 2004 das Hotel Radisson Blu Edwardian untergebracht ist, kennen die meisten Einheimischen das geschichtsträchtige Gebäude in der Peter Street noch immer als Free Trade Hall.

Sie wurde 1856 auf dem Gelände gebaut, wo einige Jahrzehnte früher das **Peterloo-Massaker** (s. S. 101) etlichen Demonstranten das Leben gekostet hatte. Der Name Free Trade Hall erinnert an die **Abschaffung der Getreidegesetze**, die den Freihandel in Manchester einleiteten, der noch heute die Politik Großbritanniens beeinflusst.

Die Halle ist im Stil eines **italienischen Palazzo** erbaut und sollte den Bürgern Manchesters als **Versammlungs- und Konzerthalle** dienen. Von 1858 bis 1996 war hier das berühmte Hallé-Orchester beheimatet, aber es fanden auch etliche weitere Auftritte und Konzerte von Rang statt: So trat Charles Dickens hier 1857 in einem Theaterstück von Wilkie Collins auf, mehrere britische Premierminister von Benjamin Disraeli bis Winston Churchill hielten in der Halle Reden, die in die Geschichtsbücher eingingen, und die Frauenrechtlerin **Christabel Pankhurst** wurde hier 1905 aus einer Labour-Partei-Konferenz hinausgeworfen, nachdem sie wiederholt für das Frauenwahlrecht plädiert hatte – ein Ereignis, das die Suffragetten-Bewegung in Gang setzte und schließlich zum allgemeinen Wahlrecht in Großbritannien führen sollte.

In den 1960er- und 1970er-Jahren fanden in der Free Trade Hall zwei Konzerte statt, an die man sich noch heute erinnert. Das erste war ein Konzert **Bob Dylans** im Jahr 1965, in dem er zur großen Empörung seiner Fans anstatt einer Akustikgitarre zum ersten Mal eine E-Gitarre benutzte. Am 4. Juni 1976 spielte dann eine damals noch völlig unbekannte Londoner Punkband: die **Sex Pistols.** Das Konzert gilt als eines der wichtigsten der Popkultur Englands überhaupt, sollten doch alle 40 Zuschauer später selber berühmt werden (s. S. 84). Kein Wunder, dass die Einheimischen zutiefst empört waren, als die Stadt 1997 die Halle an private Investoren verkaufte. Heute ist hier das 5-Ster-

Das Midland Hotel: Hier trafen sich Charles Rolls und Henry Royce das erste Mal

ne-Hotel Radisson Blu Edwardian zu Hause und nur noch wenig erinnert an die bewegte Geschichte. Trotzdem lohnt sich ein kurzer Blick in das Innere, der von den Hotelangestellten meist freundlich genehmigt wird. An der rechten Treppe sind die Statuen des Künstlers **Arthur Sherwood Edwards** angebracht, die über 50 Jahre lang die Fassade der Halle schmückten: ein Musikant, ein Boxer, ein Tänzer, ein Redner, eine Schauspielerin und ein Schuldirektor – Repräsentanten aller Aktivitäten, die früher in der Free Trade Hall stattfanden.

› Peter Street, M25GP

4 The Midland ★ [D4]

Es ist mit seinen erhabenen Ausmaßen und der Fassade aus rotem Backstein, Terrakotta und poliertem Granit schwerlich zu übersehen: Das **Midland Hotel** ist sicherlich eines der beeindruckendsten Gebäude der Stadt. Die Midland Railway Company ließ das Hotel 1903 am ehemaligen Bahnhof Central Station bauen, der damals die Endstation für Besucher aus London war und in dem sich heute das Messezentrum Manchester Central befindet. Im darauffolgenden Jahr trafen im Midland zwei Gäste aufeinander, die später noch Geschichte schreiben würden: **Charles Stewart Rolls** machte hier zum ersten Mal die Bekanntschaft von **Frederick Henry Royce.** Eine Skulptur rechts am Eingang erinnert an das historische Treffen. Andere potenzielle Celebrity-Gäste wurden wegen ihres Mangels an Eleganz abgewiesen: Den **Beatles** wurde in den 1960er-Jahren der Zutritt zum schicken Hotelrestaurant verwehrt, da ihr Aussehen nicht vornehm genug war.

Im Zweiten Weltkrieg war das Hotel eines der wenigen Gebäude in der Innenstadt, das die deutschen Luftangriffe unbeschadet überstand. Angeblich passierte dies auf Anordnung Hitlers: Er soll das Midland im Falle einer erfolgreichen Eroberung Englands als Hauptquartier ins Auge gefasst haben.

› 16 Peter Street, M602DS

026ma Abb.: ar

5 Central Library ★★ [D4]

Die Zentralbibliothek wird von Besuchern und Einheimischen gleichermaßen geliebt: Im Innern finden sich nicht nur etliche Nischen und Sofas zum Schmökern, sondern auch ein Multimedia-Stadtarchiv, das Besuchern einen interessanten Einblick in die Geschichte der Stadt gewährt, und eine riesige Sammlung an britischen Filmen, die alle kostenlos vor Ort angeschaut werden können.

Auf den ersten Blick erscheint das runde Gebäude mit den hohen Säulen viel älter, als es wirklich ist. Tatsächlich wurde die Bibliothek, die dem Pantheon in Rom nachempfunden ist, erst **1934 fertiggestellt** und im gleichen Jahr mit viel Pomp von König Georg V. eröffnet. Jahrelang war sie ein beliebter Treffpunkt der Intellektuellen der Stadt: Der Schriftsteller **Anthony Burgess** verbrachte hier in seiner Jugend viel Zeit, der Dirigent **Sir John Barbirolli** benutzte die Musikabteilung zum Arbeiten und der Sänger **Morrissey** lernte hier als Jugendlicher für seine Prüfungen.

2014 wurde die Central Library nach vierjährigen, 48 Millionen Pfund teuren Renovierungsarbeiten mit viel Lob für die geglückte Kombination von Alt und Neu wiedereröffnet. Sehenswert sind besonders die elegante **Eingangshalle** mit dem William-Shakespeare-Fenster und der große **Lesesaal** im ersten Stock, dessen merkwürdige Akustik selbst dem kleinsten Geräusch eine ohrenbetäubende Lautstärke verleiht. Die riesige Kuppel über dem Saal ziert ein Zitat aus dem Buch der Sprüche, das die Leser aufruft, nach Weisheit zu streben. Bis zu 300 Besucher finden in dem kreisrunden Raum Platz und viele Studenten der nahen Universität nutzen die Ruhe hier zum Arbeiten.

Das **Multimedia-Archiv** im Erdgeschoss vermittelt einen spannenden Einblick in die Geschichte Manchesters und seiner Einwohner. Hier kann man digitalisierte alte Fotos der Stadt betrachten, alte Karten aufrufen, historische Dokumente über die Stadt einsehen und in alten Telefonbüchern blättern. Für Filmfans ist die ebenfalls im Erdgeschoss untergebrachte **Me-**

068ma Abb.: kw

EXTRATIPP

Die sprechenden Statuen von Manchester

Überall in der Stadt stehen alte Statuen – am Albert Square, am St Ann's Square, an den Piccadilly Gardens –, aber kaum jemand beachtet sie. Oder besser: Kaum jemand beachtete sie bisher, denn nun haben **berühmte Schauspieler** einigen Abbildungen eine Stimme verliehen. Dafür muss man nur sein **Smartphone** über ein Schild am Fuß der Statue halten und man bekommt einen Rückruf, der jeweils mit einem Räuspern beginnt – den Statuen ist über die Jahre hinweg die Stimme ein wenig rostig geworden. Und dann sprechen sie: Königin Victoria, Abraham Lincoln und sogar das Dinosauriergerippe im Manchester Museum. Die Zahl der **„Talking Statues"** wird noch erweitert. Es lohnt sich also, Augen und Ohren offenzuhalten.

› **Queen Victoria:** Piccadilly Gardens 31
› **Abrahm Lincoln:** Lincoln Square [C3]
› **L.S. Lowry:** im Sam's Chop House, Chapel Walks [D3]
› **Dinosaurier:** Manchester Museum 23
› **Alan Turing:** Sackville Gardens, Fairfield Street [E4]
› **Barbirolli:** vor der Bridgewater Hall 21
› **Reading Girl:** auf der Treppe links vom Eingang der Central Library 5

diathek ein Muss: Hier findet sich eine der weltweit größten Sammlungen an britischen Filmen. 2500 Filme und etliche kürzere Clips können in komfortablen Sofanischen mit Kopfhörern angeschaut werden, nachdem man sich an der Rezeption ein kostenloses Kennwort besorgt hat.

› St Peter's Square, M25PD, geöffnet: Mo.–Do. 9–20 Uhr, Fr./Sa. 9–17 Uhr

6 Manchester Art Gallery ★★★ [D4]

Die städtische Kunstgalerie beherbergt eine eindrucksvolle Sammlung an Gemälden, Design-Schätzen und Skulpturen von internationaler Bedeutung. Neben den großen **europäischen Meistern** wie Picasso und Rodin finden sich hier vor allem **Werke einheimischer Künstler** von Gainsborough und Constable bis Francis Bacon, Lucien Freud und David Hockney. Weltweit anerkannt ist die umfassende Sammlung an **präraffaelitischen Gemälden**. Die präraffaelitische Bruderschaft entstand Mitte des 19. Jahrhunderts um den Maler und Dichter Dante Gabriel Rosetti und war stark von der Kunst des späten Mittelalters beeinflusst. Bleiche Frauenfiguren mit langen roten Haaren und wallenden Gewändern, wie man sie auf Rosettis „The Bower Meadow" in der Manchester Art Gallery sehen kann, sind typisch für diese Stilrichtung.

Das Gebäude wurde 1824 von Charles Barry entworfen, dem Architekten der Londoner Houses of Parliament, und 2002 im Zuge eines 35-Millionen-Pfund-Renovierungsprojekts ausgebaut. Neben den Dauerausstellungen finden regelmäßig hochgelobte **Wechselausstellungen** von renommierten Künstlern statt. Im Erdgeschoss befindet sich neben einem großen Souvenirshop auch ein gutes Café.

› Mosley Street, M23JL, http://manchesterartgallery.org, tägl. 10–17 Uhr, Do. bis 21 Uhr, Eintritt frei

Die kreisrunde Central Library ist dem römischen Pantheon nachempfunden

7 The Portico Library and Gallery ★ [D3]

Die kleine Bibliothek, die weiterhin durch Mitgliedsbeiträge finanziert wird, wurde 1806 fertiggestellt und beherbergt heute eine schöne Galerie, in der **Wechselausstellungen** mit Werken regionaler Künstler stattfinden. Ursprünglich gehörte das gesamte, im griechischen Stil erbaute Gebäude der Bücherei, doch das Erdgeschoss wurde in den 1920er-Jahren verkauft und erst als Bank und heute als **Pub** benutzt.

Zu den **berühmten Lesern**, die Mitglieder der Portico waren, gehörten der Lexikograf Peter Roget, der hier an seinem „Rogets Thesaurus" arbeitete, William Gaskell, der Mann der Schriftstellerin Elizabeth Gaskell, die die Bücherei ebenfalls wiederholt mit ihrer Freundin Charlotte Brontë besuchte und der zweimalige britische Premierminister Sir Robert Peel. In heutiger Zeit sind die Krimiautorin Val McDermid, der Fußballspieler Eric Cantona und Guy Garvey, der Sänger der Band Elbow, eingetragene Mitglieder.

› 57 Mosley Street (Eingang: Charlotte Street, um eingelassen zu werden, bitte klingeln), M23HY, www.theportico.org.uk, Mo. 9.30–16.30 Uhr, Di.–Do. 9.30–17.30 Uhr, Fr. 9.30–16.30 Uhr, Sa. 11–15 Uhr, Eintritt frei

8 St Mary's Church ★ [C3]

Nicht umsonst ist die kleine katholische Kirche von St Mary's als „Hidden Gem" (verstecktes Juwel) ausgeschildert. Sie liegt so verborgen in einer Nebenstraße, dass viele Besucher sie schlicht übersehen. Doch schon der kunstvoll verzierte **Altar** aus weißem Caen-Stein, über dem die großen Heiligen Großbritanniens wie St Patrick und St Hilda thronen, und die expressionistischen **Kreuzwegstationen** des Künstlers Norman Adams sind den kleinen Umweg wert. Im Inneren findet sich eine prunkvolle Mischung aus normannischem, gotischem und byzantinischem Stil, die man beim Anblick des schlichten Äußeren kaum vermuten würde.

Der Bau von St Mary's begann 1792 – zu einer Zeit, in der die umliegenden Straßenzüge zu den ärmsten Vierteln Manchesters gehörten und von slum-ähnlichen Verhältnissen geprägt waren. Heute bietet die Kirche eine willkommene Ruheoase mitten im geschäftigen Einkaufsbezirk der Stadt.

› Mulberry Street, M26LN, tägl. 8–18 Uhr, Eintritt frei

9 St Ann's Square und St Ann's Church ★★ [C3]

Der hübsche St Ann's Square liegt mitten im Zentrum Manchesters und der Turm der **St Ann's Church** galt lange als geografischer Mittelpunkt der Stadt. Die Kirche aus rötlichem Sandstein wurde 1712 eingeweiht und ist nach der Kathedrale das zweitälteste Gotteshaus Manchesters. Von 19 Kirchen, die im 18. Jahrhundert im Stadtzentrum gebaut wurden, ist nur sie übriggeblieben.

Offiziell ist die St Ann's Church der **Großmutter Jesu** gewidmet, aber insgeheim auch einer gewissen **Lady Ann Bland**, die den Bau finanzierte. Zu ihren Lebzeiten gab es einen Mietpreis für die besten Kirchenbänke in St Ann's: Die vorderen Sitze kosteten die damals Schwindel erregende Summe von 100 £, während die Armen stehen oder auf der überfüllten Galerie Platz nehmen mussten.

Das **Innere** der Kirche besticht durch seine schöne Holzvertäfelung, das schwarze Schmiedewerk der Balustraden und vor allem die beeindruckenden Buntglasfenster, die teilweise aus älteren, heute nicht mehr existierenden Kirchen der Umgebung stammen. Das Fenster an der Nordseite von St Ann's, welches den Apostel Petrus darstellt, wurde 1769 von dem renommierten Künstler William Peckitt (1731–1795) geschaffen. Der Schriftsteller Thomas de Quincey, der gleich um die Ecke in der Cross Street zur Welt kam, wurde 1785 in St Ann's getauft und der Grabstein seiner Eltern Thomas und Elizabeth Quincey ist noch immer auf der Südostseite zu finden. Heute werden in der anglikanischen Kirche oft **kostenlose Konzerte** veranstaltet, die aufgrund der herrlichen Akustik sehr zu empfehlen sind (Termine siehe Website).

Der Platz vor der Kirche war früher als Acresfield bekannt und wurde 1222 zum ersten Mal erwähnt, als Henry III. dem normannischen Baron Robert Greslet die Erlaubnis gab, hier im September einen jährlich stattfindenden Jahrmarkt abzuhalten. Lange war Acresfield der **Markplatz** für das damalige kleine Städtchen Manchester. 1729 wurde hier die erste **Baumwollbörse** ⑩ gebaut, die 1809 und 1847 jeweils von einer größeren ersetzt wurde. Das heutige Gebäude, in dem nun das Royal Exchange Theatre untergebracht ist, war lange der weltweit größte Umschlagplatz für Baumwolle und der St Ann's Square oft mit Kaufleuten und Bankiers überflutet. Heute finden auf dem Square wieder Märkte statt und Einkäufer nutzen die Bänke zum Ausruhen.

› **St Ann's Church,** St Ann Street, M27LF, www.stannsmanchester.com, Di.–Sa. 10–17 Uhr, Orgelkonzerte Di. 13–13.45 Uhr, Eintritt frei

› **Manchester Markets,** www.manchester.gov.uk/markets, Markttermine

Auf dem hübschen St Ann's Square kann man nach einem Marktbesuch auch gut pausieren

057ma Abb.: ar

⑩ The Royal Exchange ★★ [D2]

Die alte Börse Manchesters war früher einer der größten Handelsplätze der Welt: Am Ende des 19. Jahrhunderts wurden in der Royal Exchange 80 Prozent des internationalen Baumwollhandels abgewickelt. In der riesigen Halle hängen noch immer große Tafeln, die den Preis von Baumwolle am 31. Dezember 1968 anzeigen – dem Tag, an dem sich die Türen der Börse nach 249 Jahren des Textilhandels in der Stadt zum letzten Mal schlossen.

Die erste Börse Manchesters wurde bereits 1729 gebaut, doch das jetzige Gebäude geht auf das Jahr 1874 zurück und wurde 1914 und 1931 erweitert. Zweimal in der Woche versammelten sich hier Händler, Bankiers, Fabrikbesitzer und Versicherungsangestellte aus der ganzen Welt. Im Jahr 1920 hatte die Börse 11.000 Mitglieder und Manchester war lange unter dem Spitznamen **Cottonopolis** bekannt.

Der Einbruch des Textilhandels kam jedoch genauso plötzlich wie der Aufstieg. 1940 trafen deutsche Bomben die Halle und beschädigten sie stark. Beim Wiederaufbau, der ganze 13 Jahre dauerte, wurde die Größe halbiert, denn es zeichnete sich bereits ab, dass die Blütezeit der Börse vorbei war. Noch schlimmere Kon-

Die Manchester-Bombe

Das Selbstmordattentat im Mai 2017 während des Konzerts der Sängerin Ariana Grande war nicht der erste Terroranschlag in Manchester. Schon 20 Jahre zuvor zerstörte eine Bombe der IRA die gesamte Innenstadt: Die Läden der geschäftigen Market Street und des Einkaufszentrums Arndale haben sich bereits gefüllt, Angestellte gönnen sich in ihrer Pause einen Kaffee. Dann geht ein Anruf beim Lokalfernsehen ein: eine Bombendrohung. Der Anrufer hat einen irischen Akzent. Ohne zu zögern beginnt die Polizei, die Stadt zu räumen: Rund 80.000 Menschen werden aufgerufen, das Stadtzentrum schnellstens zu verlassen – 80 Minuten später liegt ein Großteil der Innenstadt in Trümmern.

„The Miracle of Manchester" nennt man heute die Tatsache, dass beim größten IRA-Bombenattentat auf britischem Boden kein einziger Mensch ums Leben kam. Als um 11.20 Uhr in der Corporation Street 1500 kg Sprengstoff explodierten, wurden so gut wie alle Gebäude in einem 800 m-Radius schwer beschädigt. Nur ein Briefkasten überstand die Bombe unversehrt und steht noch heute mit einer Plakette versehen wenige Meter vom Anschlagsort entfernt. Über 200 Menschen wurden verletzt, die Schäden beliefen sich auf einen heutigen Wert von über 1,1 Milliarden Pfund.

So schlimm die Verwüstung und Wut erst war, gab sie Manchester die Chance für einen Neubeginn. Architektonische Sünden der Nachkriegszeit waren mit einem Schlag beseitigt, die Regierung in London war dazu gezwungen, Geld in die Stadt zu pumpen, und Manchester bekam die Chance, sich selbst neu zu erfinden. Der Aufschwung, der bis heute anhält, konnte beginnen.

sequenzen als der Zweite Weltkrieg hatte aber der Anstieg der Baumwollproduktion in Ländern, in denen das Rohmaterial direkt vor Ort zu haben war und Arbeitskräfte bedeutend weniger kosteten. Der Baumwollhandel in Manchester brach zusammen und 1968 schloss die Royal Exchange schließlich.

Mehrere Jahre stand die Börse leer, bis die Stadt sich dazu durchrang, hier ein Theater zu gründen. Im September 1976 eröffnete **Laurence Olivier** schließlich das **Royal Exchange Theatre**, das wie ein Raumschiff in der Mitte der Halle verankert ist und über die Jahre hinweg einen Ruf für hervorragende Aufführungen gewonnen hat. 56 Jahre nach den deutschen Bomben fiel die Royal Exchange einer weiteren Explosion zum Opfer: Eine IRA-Bombe schädigte das Gebäude 1996 so sehr, dass es für zwei Jahre geschlossen werden musste. Heute sind hier neben dem Theater auch ein Café und Restaurant sowie ein Kunsthandwerksladen untergebracht.

› St Ann's Square, geöffnet: Mo.-Sa. ab 10 Uhr, Eintritt frei, www.royalexchange.co.uk

11 Barton Arcade ★ [C2]

Die **viktorianische Einkaufspassage** besticht durch ihre eleganten Balkons mit eisernen Ballustraden und Mahagonigeländern und die beiden großen achteckigen Glaskuppeln. Sie wurde 1871 von Corbett, Raby and Sawyer gebaut und ist eins der ersten Fertighäuser der Welt: Die einzelnen Teile wurden von Macfarlane & Co in Glasgow gefertigt und dann vor Ort zusammengefügt. In den 1870er-Jahren war das deutsche Restaurant Krause in der Barton Arcade ein wichtiger Treffpunkt für deutsche Einwanderer, heute finden sich hier exklusive Geschäfte, die zum Teil schon seit Jahrzehnten in der Passage ansässig sind.

› St Ann's Square, www.bartonarcade.com, Mo.-Sa. 9-17.30 Uhr, So. 10-16.30 Uhr

12 National Football Museum ★★ [D2]

Keine andere Stadt Englands begeistert sich so für das Spiel rund um das runde Leder wie Manchester. Kein Wunder also, dass 2012 das **nationale Fußballmuseum** von Preston

029ma Abb.: ar

Das National Football Museum

nach Manchester verlegt wurde. Die Ausstellungsräume sind vollgestopft mit Erinnerungsstücken, Pokalen und Abbildungen: vom Ball, mit dem England 1966 Weltmeister wurde, bis zur Nackenstütze, die der deutsche Torwart Bert Trautmann nach seinem Nackenbruch im englischen Pokalfinale 1956 tragen musste. Kinder lieben besonders die interaktiven Stationen von **Football Plus+**, bei denen man sich beim Elfmeterschießen üben oder den Premier-League-Pokal in die Höhe stemmen kann. Das Museum ist in einem bemerkenswerten Glasgebäude des Architekten Ian Simpson untergebracht, das noch heute den Namen des Museums zur städtischen Kultur trägt, das hier bis 2012 beheimatet war: Urbis.

› Urbis Building, Cathedral Gardens, M43BG, www.nationalfootballmuseum.com, tägl. 10–17 Uhr, Eintritt frei, Tickets für Football Plus+ 6 £. Die interaktiven Stationen (Football Plus+) sind erst ab 7 Jahren zugänglich.

030ma Abb.: ar

⑬ Manchester Cathedral ★★ [D2]

Während das Zentrum des römischen Manchesters in Castlefield lag, entwickelte sich die **mittelalterliche Stadt** um die Kathedrale herum. Sie wurde 1421 als Stiftskirche im spätgotischen Perpendikularstil gebaut und ist von einigen der ältesten Gebäude Manchesters umgeben.

Auch wenn die heutige Kathedrale „nur" knapp 600 Jahre alt ist, vermutet man, dass an diesem Ort schon im 8. Jahrhundert eine Kirche stand, denn im 19. Jahrhundert fand man in der Südpforte den sogenannten Engel-Stein, eine kleine, unscheinbare Steinskulptur mit der Aufschrift „in Deine Hände befehle ich meinen Geist, O Herr". Sie soll auf das Jahr 700 zurückgehen, was sie zu einem der ältesten angelsächsischen Kunstwerke überhaupt macht. Heute ist der **Angel Stone** links vor dem Chorraum ausgestellt.

Die **anglikanische Kathedrale** von Manchester ist die Domkirche der Diözese Manchesters und St Maria, St Denys und St Georg gewidmet, die in den Fenstern neben dem Haupteingang abgebildet sind. Die merkwürdige Kombination von **Schutzpatronen** hatte politische Hintergründe: Während die ursprüngliche Kirche Maria gewidmet war, fügte man anschließend noch Georg als den Schutzheiligen Englands sowie Denys (Dionysius), einen der Nationalheiligen Frankreichs, hinzu, um die Ansprüche des

Die englische Fahne flattert über der 600 Jahre alten Kathedrale

damaligen englischen Königs Heinrich V. auf den französischen Thron zu betonen.

Die Kathedrale hat schon die eine oder andere **Katastrophe** miterlebt: Im Englischen Bürgerkrieg wurde sie von den Truppen Oliver Cromwells geplündert, im Zweiten Weltkrieg von deutschen Fliegern zerstört und dann 1996 von der IRA-Bombe schwer beschädigt. Die alten **Glasfenster** wurden 1940 bei dem deutschen Luftangriff zerstört und nach und nach mit modernen Fenstern ersetzt. Das spektakuläre Feuerbrandfenster in der Regimentskapelle links des Hauptschiffs erinnert an den Bombenangriff. Beachtenswert sind auch die kunstvoll geschnitzten **Miserikordien** am Chorgestühl, die oft humorvolle Szenen aus dem mittelalterlichen Alltagsleben zeigen, so z. B. eine ihren Mann anschreiende Frau und Männer, die heimlich in der Kirche Backgammon spielen.

› Victoria Street, M31SX, Mo. und Fr. 8.30–17.30 Uhr, sonst 8.30–18.30 Uhr, Eintritt frei
› **Cathedral Choir:** Der beeindruckende Chor singt außerhalb der Sommerferien (Ende Juli–Sept.) jeden Di., Mi., Do., Sa. und So. zur Abendandacht um 17.30 Uhr, Eintritt frei.

KLEINE PAUSE

Proper Tea

Genau gegenüber der Kathedrale liegt das hübsche Café **Propertea at Manchester Cathedral** (s. S. 76), in dem man auch gut Mittag essen kann. Wer Lust zum Experimentieren hat, kann eine der exotischen, sehr seltenen Teesorten probieren, für die die Teestube berühmt ist.

⑭ Chetham's Library and School of Music ★★★ [D1]

An der ältesten freien Bibliothek der englischsprachigen Welt fanden schon Marx und Engels Gefallen. In einem gemütlichen Alkoven des mittelalterlichen Gebäudes feilten die beiden an ihren Ideen, die später die Welt verändern sollten.

Sobald man durch die alten Tore von Chetham's geht und den Vorhof mit seinen gepflegten Buchsbaumhecken und kunstvoll beschnittenen Bäumen betritt, fühlt man sich in eine andere Welt versetzt. Schüler in altmodischen Uniformen eilen mit Musikinstrumenten zu ihren Klassen und man kann kaum glauben, dass man sich hier tatsächlich mitten im Zentrum einer großen Industriestadt befindet – viel eher würde dieser Teil Manchesters in ein mittelalterliches Universitätsstädtchen wie Oxford passen.

Das schöne, rötliche **Sandsteingebäude**, in dem heute die **Bibliothek** und eine der bekanntesten Musikschulen Englands untergebracht sind, hat eine bewegte Geschichte hinter sich. 1421 wurde es als Priesterkolleg für die nahe gelegene Kathedrale gebaut und im Laufe der Zeit um ein Jungeninternat erweitert. Die Reformation machte beiden ein Ende und das Gebäude stand lange leer, bis es während des Englischen Bürgerkrieges zeitweise in ein Gefängnis und Waffenlager umfunktioniert wurde. 1653 brachte eine weitere Wende für das Gebäude: Der reiche Textilhändler **Humphrey Chetham** verfügte in seinem Testament den Kauf des ehemaligen Kollegs und die Gründung einer Jungenschule und einer Bibliothek, die für alle Bürger kostenlos zugänglich sein sollte – so et-

Friedrich Engels in Manchester

Friedrich Engels (1820–1895), Mitbegründer des Marxismus und einer der wichtigsten politischen Denker des 19. Jahrhunderts, lebte fast 22 Jahre in Manchester. Die Eindrücke, die er dabei sammelte, sollten nicht nur seine eigene Ideologie zeitlebens beeinflussen, sondern auch die seines Mitstreiters Karl Marx. Engels erlebte in Manchester die grausame Realität des Arbeiterlebens und die verheerenden Folgen der Industrialisierung und des ausufernden Kapitalismus.

Zum ersten Mal kam er 1842 in die Stadt, um in der väterlichen Fabrik Ermen & Engels zu arbeiten. Engels senior hatte gehofft, seinem Sohn durch den Umzug nach Manchester seinen revolutionären Hang auszutreiben, aber genau das Gegenteil sollte eintreten: Die riesige Diskrepanz zwischen Arm und Reich, der der junge Engels in Manchester begegnete, sollte ihn erst so richtig aufwühlen. Engels Geliebte Mary Burns, eine arme irische Fabrikarbeiterin, gewährte ihm einen Einblick in das Leben der Fabrikangestellten und das große Leid, das sie oftmals ertragen mussten. Seine Eindrücke sammelte er in dem Buch „Die Lage der arbeitenden Klasse in England", einem schockierenden Bericht über die Auswirkungen der Industrialisierung auf die Bürger der neuen Industriestädte.

Wer heute nach Spuren von Engels in Manchester sucht, wird besonders in der Chetham's Library (14) fündig, wo Besucher sich an den Tisch setzen können, an dem er und Marx oft arbeiteten. Außer der Bücherei sind nur wenige andere Schauplätze aus dem Leben Engels' erhalten geblieben. Die alte Fabrik Ermens & Engels musste einer Straße weichen und die Häuser, in denen er wohnte, stehen allesamt nicht mehr. Am besten kann man sich Engels' Leben vielleicht in den Pubs Manchesters vor Augen führen, die er gerne und oft besuchte.

Doch Manchester hält das Andenken aufrecht: Im Sommer 2017 ließ der Künstler Phil Collins (ein Namensvetter des Musikers) eine ausrangierte Sowjetstatue von Friedrich Engels aus der Ukraine nach Manchester transportieren. Nach einem Stopp in Engels Geburtsort Barmen und dem Engels-Haus in Wuppertal wurde die 3,50 m hohe Statue im Rahmen des Manchester International vor dem Kulturzentrum HOME (20) feierlich enthüllt.

was hatte es in Großbritannien zuvor noch nie gegeben. Seine Kuratoren begannen bald, eine Bücher- und Manuskriptsammlung zusammenzutragen, die vergleichbar mit denen von Oxford und Cambridge werden sollte. In den alten, atmosphärischen Gängen stehen noch immer die kleinen Bänke aus Eichenholz, auf denen die Leser sitzen konnten, um die mit schweren Ketten gesicherten Bücher zu studieren.

Unter den **Besitztümern** der Bibliothek befinden sich viele große Schätze, wie eine Erstausgabe von John Miltons „Das verlorene Paradies" von 1667 oder magische Textbücher aus dem 16. Jahrhundert. Dazu gehören z. B. der mysteriöse „Tractatus de Nigromatia", der ohne Frage zu der Lektüre des früheren Aufsehers der Bibliothek, **John Dee**, gehörte, der von 1595 bis 1609 hier angestellt war. Dee war ein Astrologe, Mathematiker und Magier, der behauptete, durch seine Kristallkugel direkten Kontakt mit Engeln zu haben. Er war ein angesehener Berater von Königin Elizabeth I. und vermutlich die Inspiration für Shakespeares mysteriösen Zauberer Prospero in „Der Sturm". Zeit seines Lebens wurde er immer wieder der Hexerei beschuldigt und geriet sogar in den Verdacht, versucht zu haben, Königin Mary Tudor durch Zauberei zu töten. Viele seiner Schriften sind heute in den Vitrinen der Bibliothek ausgestellt.

Die bei Weitem berühmtesten Besucher betraten die Bibliothek jedoch erst 250 Jahre später: 1845 brachte **Friedrich Engels Karl Marx** in die Chetham's Library, um hier in Ruhe an ihren Theorien zu arbeiten. Besucher können sich heute an den Holztisch in dem stimmungsvollen Alkoven setzen, an dem die beiden damals arbeiteten. 1870 schrieb Engels in einem Brief an Marx: „In den letzten Tagen habe ich wieder viel Zeit an dem vierseitigen Tisch in dem Alkoven verbracht, an dem wir vor 24 Jahren gemeinsam saßen. Ich mag diesen Ort sehr. Die Buntfenster sorgen dafür, dass das Wetter hier immer schön ist."

In der renommierten **Musikschule** von Chetham's werden einige der besten Jungmusiker des Landes ausgebildet. Von Sept. bis Juni kann man ihnen außerhalb der Ferien an den meisten Wochentagen kostenlos zuhören.

› Long Millgate, M31SB, Tel. 8347961, www.chethams.org.uk. Der Einlass ist nur im Rahmen einer Führung zwischen Mo. und Fr. jeweils um 10, 11, 12, 13.30, 14.30 und 15.30 Uhr möglich. Der Eintritt ist frei.

› **Chetham's School of Music,** Tel. 8349644, www.chethams.com, Sept.–Juni, Mo.–Fr. 13.30–14.10 Uhr, keine Anmeldung erforderlich, einfach an der Rezeption anfragen

Deansgate, Spinningfields, Castlefield

⑮ John Rylands Library ★★★ [C3]

Der Reichtum der Baumwollfabrikanten machte es möglich: Die von Enriqueta Rylands als Andenken an ihren Mann erbaute Bibliothek beherbergt eine der kostbarsten Buchsammlungen der Welt.

Wie eine Kathedrale für Bücher wirkt das rote Backsteingebäude an der Einkaufsstraße Deansgate. Als **John Rylands,** einer der reichsten Industriellen Manchesters, 1888 starb, hinterließ er ein Vermögen von mehreren Millionen Pfund. Seine Frau entschloss sich, einenTeil des Geldes in eine Bibliothek zu investieren, um seine private Buchkollektion der Öffentlichkeit zugänglich zu machen. Zu der heutigen Sammlung, die über die Jahre immer erweitert wurde, gehören nicht nur einige der ältesten gedruckten Bücher der Welt wie eine **Gutenberg-Bibel**, sondern auch viele herrlich dekorierte **mittelalterliche Schriften** und eine Erstausgabe von **Shakespeares Sonetten.** Das Glanzstück der Sammlung ist aber das **Johannes-Fragment** – das älteste neutestamentliche Bibelfragment der Welt, welches um 125 n. Chr. in Ägyp-

ten entstanden ist. Kurios ist eine Bibel der etwas anderen Art: In der sogenannten „**Wicked Bible**" (der „bösen Bibel") wurde versehentlich bei den Zehn Geboten ein „nicht" vergessen, sodass dort nun „Du sollst die Ehe brechen" steht.

Genauso atemberaubend wie die Bücher selbst ist die **Architektur**: Basil Champney gestaltete das Gebäude im neugotischen Stil in der Form eines langgezogenen Kirchenschiffes mit hochstrebenden Bögen. Besonders sehenswert ist der riesige **Lesesaal**, auf dessen Glasfenstern bedeutende Figuren der Literatur, Religion und Philosophie abgebildet sind. Der Saal sowie die etlichen Nebenräume werden noch heute von vielen Lesern genutzt – die John Rylands Library ist keineswegs nur ein Museum, sondern gehört seit 1972 zur University of Manchester. 2007 wurde ein neuer Glasflügel hinzugefügt, der heute als Eingangshalle mit Café und Geschenkladen dient und eine perfekte Brücke zwischen dem viktorianischen Gebäude und dem modernen Manchester bildet.

Eine Kathedrale für Bücher: die John Rylands Library

› 150 Deansgate, M33EH, Tel. 3060555, www.manchester.ac.uk/library, So./Mo. 12–17 Uhr, Di.–Sa. 10–17 Uhr, Eintritt frei

16 People's History Museum ★★ [B3]

Eigentlich ist es kaum überraschend: In der Stadt, in der Engels und Marx an ihrem Manifest der Kommunistischen Partei feilten, ist ein **Museum über die Arbeiterbewegung** eine der beliebtesten Touristenattraktionen.

Die **Industrielle Revolution** führte in den städtischen Slums des 19. Jahrhunderts zu schrecklicher Armut, weckte in den Bewohnern Manchesters aber auch schon früh den Hunger nach mehr Rechten für die Arbeiterklasse. Im People's History Museum wird der schwierige Weg zur Demokratie in England hervorragend dargestellt. Während andere Museen der Stadt vom Reichtum der Baumwoll-Lords zeugen, erzählt das People's History Museum die Geschichte aus der Sicht der Arbeiter. Von den ersten Protestbannern der frühen Arbeiterbewegung über die Frauenrechtsbewegung bis hin zur Gründung der Coop-Bewegung in Manchester, bei der sich Bürger zusammenschlossen, um Nahrungsmittel zu günstigen Preisen an ihre Mitglieder zu verkaufen – eine Idee, die sich schnell über ganz Europa ausbreitete: Wer sich für Geschichte und Politik interessiert, findet hier eine faszinierende Fundgrube an Ausstellungsstücken und Zeitzeugenberichten. Das Museum ist in einer schön renovierten alten **Pumpstation** am Fluss Irwell untergebracht. Vom Museumscafé Left Bank Café blickt man über den Fluss nach Salford.

› Bridge Street, Spinningfields, M33ER, www.phm.org.uk, tägl. 10–17 Uhr, Eintritt frei

17 Beetham Tower ★ [C5]

Der 168 m hohe Skyscraper ist eine relativ neue Erscheinung in der Manchester Skyline: Das **Hochhaus** wurde 2006 fertiggestellt. Mit 47 Etagen ist es das höchste Gebäude Englands außerhalb von London und eines der höchsten Wohnhäuser Europas, wobei allerdings keineswegs alle Etagen für Wohnzwecke genutzt werden. Im 23. Stock befindet sich die Bar **Cloud 23** (s. S. 81), die einen atemberaubenden Ausblick über die Stadt und über die angrenzenden Grafschaften bis nach Wales bietet, und in den 22 Stockwerken darunter das Hilton Hotel. In den beiden obersten Stockwerken wohnt der Architekt des Gebäudes, Ian Simpson.

Der Beetham Tower fällt allerdings nicht nur wegen seiner Höhe auf. Bei Wind erzeugt die dünne Glaskonstruktion einen **surrenden Ton**, der sogar das Filmen der Seifenoper „Coronation Street" beeinträchtigte. Trotz wiederholter Versuche, das Geräusch einzudämmen, „singt" der Beetham Tower bei Starkwind weiter.

› 303 Deansgate, M34LQ

18 Museum of Science and Industry ★★★ [B4]

Das riesige Museum of Science and Industry (MOSI) ist Manchesters meistbesuchtes Museum. Hier kann man nicht nur den ältesten Passagierbahnhof der Welt bestaunen und durch einen viktorianischen Abwasserkanal gehen, sondern auch einen Einblick in die Zukunft der Naturwissenschaft gewinnen.

Das weitläufige Areal des MOSI erstreckt sich über **fünf verschiedene Gebäude** und beherbergt eine einmalige Sammlung von Ausstellungsstücken zur Vergangenheit, Gegenwart und Zukunft Manchesters. Um sich alle Räume anzuschauen, bräuchte es mindestens einen ganzen Tag, daher ist es bei einem Kurzbesuch sinnvoll, sich auf einige Highlights zu konzentrieren. Zu diesen gehört die **Textiles Gallery**, die sich mit der

032ma Abb.: ar

Von der Bar im 23. Stock des Beetham Tower sieht man die Berge von Wales

„What Manchester does today ...“ – die Stadt der Innovation

„What Manchester does today, the rest of the world does tomorrow“, schrieb der frühere Premierminister Benjamin Disraeli in der Mitte des 19. Jh. – was Manchester heute macht, macht die Welt morgen. So überzogen die Behauptung heute klingen mag, so treffend war sie doch zu Disraelis Zeit und ist es in einigen Bereichen noch heute. Manchester ist eine Stadt der Innovation. Immer wieder haben ihre Erfindungen und neue Denkweisen der Einwohner den Verlauf der Geschichte in entscheidendem Maße mitbestimmt.

Den Anstoß für vieles Neue war die Industrialisierung. Um mehr und mehr produzieren zu können, brauchte man nicht nur neue Maschinen, sondern auch bessere Transportmittel. Deshalb wurde 1761 der Bridgewater Canal eröffnet, um einen billigen Kohletransport in die Stadt zu ermöglichen. Er gilt als der erste künstliche Kanal Großbritanniens und sollte einen riesigen Boom an weiteren Wasserwegen einleiten. 1830 eröffnete dann auf der Strecke von Manchester nach Liverpool der erste Intercity-Zug der Welt. Heute belegen Augenzeugenberichte im Museum of Science and Industry **18***, wie fremd und futuristisch das Zugfahren den Menschen vorkam, für die das schnellste Transportmittel bis dato das Pferd gewesen war.*

Der neue Reichtum der Stadt führte auch zu neuen wissenschaftlichen Errungenschaften. 1803 entwickelte der Naturforscher John Dalton (1766–1844) die moderne Atomtheorie, auf der die moderne Physik beruht, und außerdem die Grundlagen des Periodensystems. Auch die erste Atomspaltung der Welt fand in Manchester statt: 1919 gelang es dem Wissenschaftler Ernest Rutherford an der Universität, Atome eines Stickstoffgases mit Alphateilchen zu beschießen und dadurch zu zertrümmern.

Manchester war nicht nur die erste Industriestadt der Welt, sondern auch die erste Stadt, in der die Auswirkungen des ausufernden Kapitalismus auf den Normalbürger ersichtlich wurden. Charles Dickens basierte seinen Roman „Hard Times“ auf dem Leben in der Stadt: Hier konnte man die besten aller Zeiten, aber auch die schlechtesten aller Zeiten erleben. Dank solcher Extreme war es kein Wunder, dass Manchester immer wieder Schauplatz radikaler und revolutionärer Bewegungen wurde. Hier entstanden die ersten Gewerkschaften, die für die Rechte der Arbeiter einstanden, und 1844 die erste Einkaufsgenossenschaft, die sich zur britischen Coop-Bewegung entwickelte, bei der sich Konsumenten zusammenschlossen, um Nahrungsmittel günstig an Mitglieder zu verkaufen. Die ursprüngliche Cooperative ist noch heute in Manchester ansässig und ihre Gelder finanzieren jetzt den Bau des 800 Millionen Pfund teuren Stadtteils NOMA.

Auch war Manchester schon früh ein Zentrum der Frauenrechtsbewegung. Die in Manchester geborene Emmeline Pankhurst (1858–1928) gründete hier 1903 die militante Frauenunion und führte Großbritannien 1918 zum Frauenwahlrecht. Das amerikanische Nachrichtenmagazin Time führte sie als eine der 100 einflussreichsten Personen des 20. Jahrhunderts an. Auch die moderne vegetarische Bewegung nahm in Manchester ihren Anfang:

059ma Abb.: ar

Ein Priester namens William Cowherd verbat seiner Kongegration das Essen von Fleisch, da es seiner Meinung nach zu Gewalt und Krankheit führte. Seine Anhänger gründeten 1847 die Vegetarian Society, und noch heute sind der Vegetarismus und der Veganismus in Manchester weit verbreitet. Lange bevor das fleischlose Essen in anderen europäischen Ländern Fuß fasste, gab es im Vorort Chorlton schon den großen veganen Supermarkt Unicorn.

Im 20. Jahrhundert konnte Manchester weitere große Fortschritte besonders in der Informatik und der Physik verbuchen. 1948 entwickelten Frederic C. Williams und Tom Kilburn an der Universität Manchester die sogenannte „Manchester Small-Scale Experimental Machine“ mit dem Spitznamen „Baby“ (siehe Foto). Sie war der erste elektronische Computer der Welt mit Programmspeicher und hatte bereits alle Komponenten eines heutigen PCs. Aus dieser Kleinformat-Maschine entwickelte sich der Manchester Mark 1, der wiederum als Prototyp für einen der ersten kommerziell erhältlichen Computer der Welt, den Ferranti Mark 1, diente. Zur gleichen Zeit schuf Alan Turing in Manchester die theoretischen Grundlagen der modernen Informations- und Computertechnologie.

2004 entdeckten Konstantin Novoselov und Andre Geim wiederum an der Universität Manchester den Wunderstoff Graphen, eine biegsame, hauchdünne Kohlenstoffverbindung, die 100-mal härter ist als Stahl und besser leitet als Kupfer. In der Zukunft soll sie bei der Erstellung von biegsamen Handys und superschnellen Computern Verwendung finden. Viele Wissenschaftler halten Graphen für die wichtigste Entdeckung der Physik in diesem Jahrhundert und Novoselov und Greim wurden 2010 für ihre Forschungsarbeiten mit dem Nobelpreis ausgezeichnet. Dank ihrer Errungenschaften steht die Stadt in der Graphen-Forschung an vorderster Front: Ein erstes Graphen-Institut hat 2015 seine Pforten eröffnet und ein zweites, 60 Millionen Pfund teures Forschungszentrum ist bereits im Bau.

Manchester mag heute vor allem für Fußball und Popmusik bekannt sein. Es ist aber auch vor allem eine Stadt der revolutionären Entdeckungen und neuen Ideen, die es gewohnt ist, in die Zukunft zu schauen, anstatt sich auf ihren Lorbeeren auszuruhen.

060ma Abb.: kw

Ein Mekka für Technikfans: In der Power Hall stampfen und schnurren viele Dampfmaschinen wie im 19. Jahrhundert

Baumwollverarbeitung vom Reinigen bis zum Färben beschäftigt und die Arbeitsbedingungen der Fabrikarbeiter im 19. Jahrhundert eindrucksvoll darstellt. Die **Revolution Gallery** zeigt Manchesters innovative Seite: von den Umwälzungen, die neue Maschinen und Transportmöglichkeiten brachten, über Erfindungen in der Technik und Physik (z. B. in der Nanotechnologie oder der Kernfusion) bis zu den neusten Errungenschaften des „Computer Age". Besucher bekommen ein Ticket, das eine interaktive Beteiligung ermöglicht.

In der **Power Hall** ist eine der weltweit größten Sammlungen an Dampfmaschinen zu sehen. Täglich um 11, 13 und 15.30 Uhr findet eine 25-minütige Vorführung statt, bei der man den Lärm und Gestank der alten Dampfmaschinen erleben kann. Außerdem ist in der Power Hall eine große Sammlung an alten Lokomotiven zu sehen. Die Ausstellung „Manchester and Liverpool Railway" ist in dem ältesten Passagierbahnhof der Welt untergebracht, der 1830 gebaut wurde. Interessant sind die zeitgenössischen Souvenirs und die Erfahrungsberichte der ersten Passagiere, für die das Bahnfahren eine völlig neue und teilweise befremdende Erfahrung war.

Unter dem Bahnhofsgebäude befindet sich die **Underground Manchester Gallery** mit Ausstellungen über sanitäre Anlagen und die Kanalisation von der Römer- bis zur heutigen Zeit. Hier können Besucher durch einen viktorianischen Abwasserkanal spazieren inklusive Geräuschkulisse.

Die **Air and Space Gallery** ist in einer alten Halle gegenüber dem Haupteingang untergebracht und beherbergt eine Sammlung alter Flugzeuge wie einen Avro-Dreidecker aus dem Jahr 1909 und einen Trident-Passagierjet. Neben diesen Ausstellungen werden außerdem die Themen Elektrizität, Gasnutzung, Kommunikation und die Geschichte Manchesters thematisiert. Besucher können zudem kleine Fahrten mit einer Dampflok über das MOSI-Areal machen (12–16 Uhr, 2 £) und Vorführungen in dem 4-D-Kino mit rotierenden Sitzen, Wasserspritzen und Windmaschine beiwohnen (Erw. 4 £, Kinder 3 £).

› Liverpool Road, M34FP, www.msimanchester.org.uk, tägl. 10–17 Uhr, Eintritt frei

⑲ Castlefield ★★★ [B5]

Hübsche Kanäle mit bunten Hausbooten, Kopfsteinpflaster und darüber alte Eisenbahnviadukte – Castlefield ist eine der stimmungsvollsten Ecken Manchesters. Aber nicht nur das: Dies war auch der Ort, an dem die Römer 79 n. Chr. das römische Lager Mamucium gründeten, dessen Überreste noch heute zu sehen sind.

Das hübsche Quartier Castlefield befindet sich in unmittelbarer Nähe zur hektischen Innenstadt und scheint doch meilenweit entfernt zu sein vom Lärm und **Trubel** des City Centre. Kopfsteingepflasterte, nur für Fußgänger zugängliche Kanalpfade führen an den vielen Wasserwegen entlang, die das Viertel durchziehen, und laden zum **Bummeln** und Träumen ein. Plätze wie der von Trauerweiden überhangene **Catalan Square** [B5], wo mehrere Bars mit schönen Terrassen und Biergärten zum Pausieren einladen, gehören besonders im Sommer zu den schönsten Ecken der Stadt. Aber neben der Idylle ist jeder Spaziergang durch Castlefield gleichzeitig auch ein Gang durch die Geschichte Manchesters. Hier finden sich neben den Kanälen und riesigen Warenhäusern und Eisenbahnbrücken des 19. Jahrhunderts auch die **Überreste des römischen Kastells Mamucium**, dem ältesten Teil der Stadt, nach dem der Bezirk benannt ist: das „Kastell im Feld".

79 n. Chr. ließ der Feldherr Agricola an dem Zusammenfluss des Irwells und des Medlock und einer wichtigen Straßenkreuzung eine Festung bauen. Das Kastell war rund 330 Jahre lang bewohnt, bis die Römer im Jahre 410 Britannien verließen. Eine Erkundung der römischen Ruinen beginnt am besten am Pub The White Lion (s. S. 80) an der Liverpool Road. Von hier aus gelangt man auf eine kleine Grünfläche, wo die rekonstruierten **Fundamente eines Dorfes** zu sehen sind, welches sich nach dem Bau der Festung bildete und 200 n. Chr. immerhin etwa 2000 Einwohner zählte. Weiter südlich gelangt man zu den **Verteidigungsgräben**,

Der Bezirk Castlefield wird von etlichen Kanälen durchzogen

034ma Abb.: ar

Germancs – die Deutschen in Manchester

Im 19. Jahrhundert machten die Deutschen nicht nur die größte ausländische Minderheit in Manchester aus, sondern hatten sogar ihre eigenen Restaurants und Kulturzentren in der Stadt. Auch wenn der deutsche Einfluss in Manchester nach dem Ersten Weltkrieg ins Vergessen geriet, hinterließen Menschen wie Charles Hallé oder Louis Borchardt Spuren im kulturellen Leben der Stadt, an die man sich noch heute erinnert.

Die enge Verbindung zwischen Deutschland und Manchester fing schon früh an: Während des Englischen Bürgerkrieges im 17. Jahrhundert war die Stadtverwaltung auf der Seite des Parlaments und heuerte bald den erfahrenen deutschen Offizier **Johan Rosworm** an, um Manchester gegen die königstreuen Truppen aus Salford zu verteidigen. Als es 1642 zu einer einwöchigen Belagerung der Stadt durch die Royalisten kam, gelang es dem Heer unter der Führung Rosworms, die Angreifer zu besiegen und Manchester zu befreien - Rosworm wurde wie ein Held gefeiert. Die Schlacht wird auf einer der Wandmalereien von Ford Madox Brown im Rathaus (1) dargestellt, auch wenn der Heerführer dort fälschlicherweise John Bradshaw, nicht Rosworm, genannt wird.

Die Industrielle Revolution und der Reichtum, den sie mit sich brachte, zog Kaufleute aus vielen Teilen der Welt an, vor allem aber aus Deutschland. Schon im Jahr 1800 waren von zwölf ausländischen Firmen, die in Manchester ansässig waren, neun in deutscher Hand und siebzig Jahre später war die Zahl bereits auf 153 gestiegen. Auch die Börse wurde schon früh von Deutschen frequentiert. So kam der deutschstämmige Jude **Nathan Mayer Rothschild**, dessen Nachfahren noch heute zu den wichtigsten Bankiers der Welt zählen, 1798 nach Manchester, um hier alles über den Handel und die Geldgeschäfte des frühen Kapitalismus zu lernen. Der zweifellos bekannteste deutsche Kaufmann, den es nach Manchester verschlug, war niemand anders als **Friedrich Engels**, der 1842 zuerst in die Stadt kam, um in der väterlichen Firma Ermens & Engels zu arbeiten. Er war nur einer von Hunderten deutscher Kaufleute, die sich wöchentlich an der Royal Exchange trafen. 1880 konnte man im Manchester Guardian lesen, dass, wenn man die Qualität der Royal Exchange abzüglich seines deutschen Elements testen würde, es fast so sei, „als würde man Rum-Punsch trinken, dem ein Kellner aus Bosheit keinen Alkohol beigefügt hat."

In vielen Bereichen integrierten sich die Deutschen gut, in anderen behielten sie ihre eigene Identität. So gab es im späten 19. Jahrhundert gleich zwei deutsche Kulturvereine in der Stadt, den **Albert-Klub** und die **Schiller-Anstalt**, und zum Essen traf man sich im Krause-Restaurant in der Barton Arcade, während man Kleidung in der Princess Street kaufte, wo ein Geschäft sich speziell auf die Bedürfnisse der „deutschen Herren ansässig in Manchester" spezialisiert hatte.

Mit den Kaufleuten und Bankiers kamen auch die Künstler und Intellektuellen. Der aus Hagen in Westfalen stammende **Karl Halle**, der seinen Namen später zu **Charles Hallé** än-

dern sollte, kam 1853 und gründete das noch heute weltberühmte Hallé Orchestra. Er sorgte dafür, dass auch die armen Fabrikarbeiter Zugang zu den schönsten Musikstücken der Welt hatten. Ein weiteres Mitglied des Albert-Klubs war der deutsche Arzt ***Dr. Louis Borchardt,*** *der dafür sorgte, dass 1852 im Vorort Pendlebury das erste spezielle Kinderkrankenhaus Großbritanniens gebaut wurde. Obwohl es 2009 in neue Räumlichkeiten an der Oxford Road umzog, ist es noch immer das größte Kinderkrankenhaus des Landes. Borchardt wohnte in der North Parade an dem kleinen Park Parsonage Gardens, wo auch Engels ein Büro hatte, der jedoch nicht viel von seinem Landsmann hielt: Er nannte ihn einen „spießigen Liberalen". Borchardts Haus war ein Treffpunkt für viele der bedeutendsten Frauenrechtlerinnen der Stadt wie zum Beispiel* ***Lydia Becker,*** *die Sekretärin der städtischen Gesellschaft für das Frauenwahlrecht, die ebenfalls deutsche Wurzeln hatte. Ihr Großvater, Ernst Becker, war in den 1790er-Jahren als Kaufmann nach Manchester gekommen.*

Die beiden Weltkriege ließen die engen Verbindungen zwischen Manchester und Deutschland abreißen und die ehemals so vertrauten Deutschen waren in den Nachkriegsjahren in der Stadt lange verpönt. Das sollte auch der Torwart ***Bert Trautmann*** *(1923-2013) zu spüren bekommen, der nach seiner Kriegsgefangenschaft in England blieb und 1949 einen Vetrag bei Manchester City unterschrieb. 20.000 gingen auf die Straße, um gegen den „Kraut" in der heimischen Fußballmannschaft zu protestieren. Seine ersten Auftritte wurden von ständigen Buh-Rufen begleitet, doch der Hass sollte bald in Bewunderung und sogar Zuneigung umschlagen und 1956 schlossen ihn schließlich auch die härtesten Kritiker in ihre Herzen: Beim FA-Cup-Finale brach er sich das Genick, spielte aber dennoch weiter, um den Sieg Manchester Citys nicht zu gefährden. Die Genickstütze, die er damals trug, ist heute im National Football Museum* **12** *ausgestellt. 2004 zeichnete Queen Elizabeth ihn sogar für seine Verdienste in der englisch-deutschen Verständigung mit dem Orden „Officer of the British Empire" aus.*

Auch der Schriftsteller ***W.G. Sebald*** *(1944-2001) kam in einer Zeit nach Manchester, in der der Krieg erst wenige Jahre zurücklag. Von 1966 bis 1969 arbeitete er an der Universität als Professor für Deutsche Literatur und verarbeitete seine Eindrücke von der Stadt in „Die Ausgewanderten". Er beschreibt eine ehemals großartige, aber nun verfallene Stadt, in der selbst die grandiosesten Häuser zu Ruinen verkommen waren. Lange waren Sebalds Bücher in Deutschland fast gänzlich unbekannt, während er in England schon als einer der großen Schriftsteller des 20. Jahrhunderts gefeiert wurde.*

Ähnlich ging es der Sängerin ***Nico*** *(1938-1988), die als Christa Päffgen in Köln geboren wurde und sich zuerst als Andy Warhols Muse einen Namen machte und dann als Sängerin der New Yorker Band* ***The Velvet Underground.*** *Von 1980 bis 1988 lebte sie in Manchester und nahm ihr Album „Janitor of Lunacy" im Keller der Central Library auf, wo damals ein Theater untergebracht war. Nach ihrem frühen Tod gewann Nico in Großbritan-*

nien schnell Kultstatus, während sie in ihrem Heimatland lange vergessen blieb. Auch ***Tony Wilson*** *(1950–2007) oder „Mr. Manchester", wie er noch heute von vielen Einheimischen genannt wird, der Begründer des Labels Factory Records und des Nachtklubs The Haçienda, hatte deutsche Wurzeln. Sein Großvater war 1901 aus dem Schwarzwald nach Manchester gezogen.*

Langsam beginnt sich Deutschland wieder an die ehemals so beliebte Stadt zu erinnern: Nachdem Manchester über Jahrzehnte nicht ganz zu Unrecht im Gegensatz zu London als zweitklassig und trist abgestempelt wurde, machen heute deutschsprachige Touristen nach den Iren die zweitgrößte Besuchergruppe in der Stadt aus, und umgekehrt zeigt sich auch in Manchester ein großes Interesse an den kontinentalen Nachbarn.

Besonders deutlich wird dies im Dezember, wenn der ***Weihnachtsmarkt*** *mit seinen Glühweinständen, Wurstbuden und Handwerksläden aus dem Erzgebirge die gesamte Innenstadt einnimmt und man sich auf ein Bier (deutsch natürlich) im „Zum Lustigen Rudolf" trifft. Manchmal scheint es dann fast so, als hätte* ***Prinz Albert,*** *der deutsche Prinzgemahl Queen Victorias, der die Tradition des Weihnachtsbaums in England einführte und dessen Statue heute vor dem Rathaus thront, ein kleines Lächeln auf den Lippen. Und selbst die deutschen Kneipen sind in die Stadt zurückgekehrt: 2015 öffnete das* ***Alberts Schloss*** *(s. S. 79) seine Türen und wurde schnell zu einem beliebten Treffpunkt der Mancunians.*

die das ganze Fort umgaben, und zu einer Nachbildung des **Pförtnerhauses,** das auf den originalen Grundsteinen rekonstruiert wurde, von denen unten links noch drei zu sehen sind. Geht man rechts weiter, kommt man zu den Überresten des römischen **Kornspeichers** und des **Westwalls,** der ebenfalls in den 1980er-Jahren nachgebaut wurde und einen guten Eindruck davon vermittelt, wie eindrucksvoll das Lager damals über den Flusstälern des Irwell und des Medlock gethront haben muss.

Ganz Castlefield ist wie ein Spinnennetz mit **Wasserwegen** durchzogen: 1720 begann man hier, den Fluss Irwell zu vertiefen und an seinen Ufern Kais zu bauen, um den Warentransport zu vereinfachen. Auch der Fluss Medlock und die Kanäle des Bridgewater und des Rochdale Canal fließen hier in unmittelbarer Nähe zueinander und sind durch das große Becken des **Giant's Basin** miteinander verbunden. Von dort führten Kanäle direkt in die Merchants and Middle Warehouses, wo Waren entladen und dann per Zug weitertransportiert wurden. Die **Potato Wharf,** die an das Giant's Basin anschließt, war der Umschlagplatz für Kartoffeln aus Irland, die über Liverpool nach Manchester verschifft wurden. Heute kann man sich das rege Treiben, das hier früher herrschte, kaum mehr vorstellen. Die einzigen Boote, die heute noch die Wasserwege von Castlefield benutzen, sind die liebevoll bemalten **Hausboote** bzw. das eine oder andere Ausflugsboot. Das Viertel strahlt nun vor allem Ruhe aus.

› **Römerlager Mamucium:** Die Überreste des Lagers sind jederzeit kostenlos zugänglich, es bietet sich jedoch an, sich einer der geführten Walking Tours anzuschließen (s. S. 121).

20 HOME ★★ [C5]

2015 öffnete das **neue Kunst- und Kulturzentrum** HOME zum ersten Mal seine Türen. Das 25 Millionen Pfund teure Projekt ist eines der größten seiner Art in Nordengland und bietet neben einem Theater und Kinosälen mehrere Ausstellungsräume für zeitgenössische Kunst und Fotografie sowie Hörsäle für Literaturlesungen, Workshops und Vorträge.

Zum **Kinoprogramm** gehört neben Mainstream-Filmen eine hochinteressante Auswahl an Independent-Titeln aus aller Welt.

Auch die Inszenierungen des **HOME-Theaters** unter der Leitung des deutschen Regisseurs Walter Meierjohann finden landesweit immer wieder große Anerkennung.

Dem Kulturzentrum sind ein gutes **Restaurant**, eine **Bar** und ein **Buchladen** angeschlossen.

› 2 Tony Wilson Place, First Street, M154FN, www.homemcr.org, Metrolink: Deansgate-Castlefield, Mo.-Do. 10-23, Fr./Sa. 10-24, So. 11-22.30 Uhr, Ausstellungsräume: Di.-Sa. 12-20, So. 12-16 Uhr

21 Bridgewater Hall ★ [C5]

Die moderne Konzerthalle der Bridgewater Hall ist die Heimat des ältesten Symphonieorchesters Großbritanniens, dem **Hallé Orchestra**, das 1857 vom Westfalen Karl Halle (auch: Sir Charles Hallé) gegründet wurde. Die **Konzerthalle** wurde zwischen 1993 und 1996 erbaut, um die Free Trade Hall zu ersetzen, die im Ersten Weltkrieg schwer beschädigt wurde und deren **Akustik** zudem einiges zu wünschen übrig ließ. So lag der Hauptakzent beim Bau der neuen Halle auch darauf, einen Konzertraum nach den modernsten akustischen Erkenntnissen zu bauen. Die Bridgewater Hall ruht z.B. auf 280 riesigen Federn, die Erschütterungen durch den nahen Straßenverkehr eindämmen. Empfehlenswert sind die **Führungen** durch das Gebäude, bei denen Besucher nicht nur die Bühne betreten und hinter die Kulissen schauen können, sondern auch das Kellergewölbe betreten dürfen, wo die Federn zu sehen sind.

Neben dem Hallé Orchestra spielen in der Bridgewater Hall auch die Orchester BBC Philharmonic und Manchester Camerata und es finden Pop-, Jazz- und World-Music-Konzerte statt.

› Lower Mosley Street, M23WS, www.bridgewater-hall.co.uk, Touren finden wöchentlich an unterschiedlichen Tagen statt, 5 £

541ma Abb.: dl

Die Bridgewater Hall ist die Heimat des Hallé Orchestra

Der Kulturkorridor: rund um die Oxford Road

22 The International Anthony Burgess Foundation ★ [D5]

Anthony Burgess, Autor des Kultklassikers „A Clockwork Orange", ist einer der berühmtesten Schriftsteller Manchesters. In dem kleinen Museum in der atmosphärischen Chorlton Mill sind einige seiner Besitztümer ausgestellt.

Der brutale Protagonist Alex in „A Clockwork Orange" ist einer der unvergesslichsten Anti-Helden der Literatur überhaupt. Die Verfilmung des Buches von Stanley Kubrick aus dem Jahr 1971 gehört nicht nur zu einem der besten britischen Filme des letzten Jahrhunderts, sondern auch zu einem der erschütternsten. Aber „A Clockwork Orange" war nur einer von vielen Romanen des produktiven Schriftstellers Burgess (1917–1993). Er veröffentlichte weitere 59 Bücher und schrieb außerdem drei Symphonien und Hunderte von anderen Musikstücken.

Burgess wurde in Harpurhey in Nordmanchester geboren und verbrachte die ersten 23 Jahre seines Lebens in der Stadt. Obwohl er später in Malta, Italien, Frankreich und Monaco leben sollte, bezeichnete er sich bis zu seinem Lebensende immer stolz als Mancunian.

Der **Ausstellungsraum** im Keller des Burgess-Zentrums ist klein, aber für Literatur- und Filmfans lohnt sich ein Besuch schon des Gebäudes wegen, an dessen Wänden überall Zitate des Autors prangen. Wer Gebrauch von dem eindrucksvollen **Leseraum** machen will, muss sich vorher bei den freundlichen Verwaltern des Archivs anmelden. Eine Mühe, die sich lohnt: Der Boden und die Stühle sind in Anlehnung an Burgess' berühmtestes Werk strahlend orange gestrichen, an den Wänden hängen vom Autor selbst gemalte Bilder und in den Regalen stehen seine Bücher und Schallplatten. Abends finden in der Foundation oft Lesungen und Filmvorführungen statt.

› Anthony Burgess Foundation & Engine Room Café, Chorlton Mill, 3 Cambridge Street, M15BY, www.anthonyburgess.org, Mo.–Fr. 10–14 Uhr, Eintritt kostenlos, bei Veranstaltungen fallen geringe Gebühren an, WLAN

23 Manchester Museum ★★ [F7]

Mumien, Dinosaurier, lebende Frösche: Das Manchester Museum ist ein **Sammelsurium** und spannend für alle, die sich für **Naturkunde** und **Kulturgeschichte** interessieren. Hier kommt wirklich niemand zu kurz: Über die vier Etagen des Museums verteilt finden sich Ausstellungsräume zur Archäologie, Zoologie, Botanik, Ethnologie, Geologie, Münzkunde und zum Bogenschießen. Besonders beeindruckend ist die **ägyptische Abteilung** mit einer großen Sammlung an menschlichen und tierischen Mumien und einer Ausstellung über die Arbeit des Wissenschaftlers Dr. Richard Neave, mit dessen wegweisenden Techniken die Gesichter von über 3000 Jahre alten Toten rekonstruiert wurden.

Die **Zoologie-Abteilung** ist ebenso spannend. Neben dem Skelett eines Pottwals sind hier etliche ausgestopfte Tiere in lebensnahen Posen und eine gigantische Sammlung an Insekten zu sehen. Wem nach den Mumien und ausgestopften Tieren etwas mulmig zumute ist, wird Spaß am **Vivarium** finden, wo Amphibien und Reptilien aus der ganzen Welt zu sehen sind.

Das Museum ist Teil der Universität Manchester und wurde 1888 von Alfred Waterhouse, dem Architekten des Rathauses, gebaut und 2003 modernisiert.

Neben einem Museumsladen gibt es auch ein Café mit einer guten Auswahl an Speisen.

› University of Manchester, Oxford Road, M139PL, www.museum.manchester.ac.uk, tägl. 10–17 Uhr, Eintritt frei

24 Holy Name Church ★★ [di]

Die neugotische Kirche an der Oxford Road wurde zwischen 1869 und 1871 vom renommierten viktorianischen Architekten Joseph Aloysius Hansom gebaut und ist nicht nur die größte Kirche in Manchester, sondern sicherlich auch eine der schönsten.

Das fast quadratische Gebäude im Universitätsviertel fällt von außen vor allem durch seinen recht massiven **Turm** auf, dem die Spitze zu fehlen scheint. Das **Innere** besticht dagegen durch seine fast mittelalterlich

Spuk im Museum – der merkwürdige Tanz des Neb-Senu

Ein alter Grabfluch oder eine Botschaft aus der ägyptischen Totenwelt? Als der Kurator des Manchester Museum im Sommer 2013 bemerkte, dass sich die ägyptische Statue des Neb-Senu immer wieder wie von Geisterhand um sich selbst drehte, glaubte er tatsächlich erst an übersinnliche Kräfte. Schließlich schien sich die 4000 Jahre alte Statue immer genau so zu bewegen, dass Besucher das Gebet auf ihrem Rücken – eine Bitte um Brot, Ochsen und Geflügel für die Seele des Verstorbenen – lesen konnten. Vielleicht wollte der alte Ägypter, dass die Zeilen für ihn gesprochen würden? Dem ägyptischen Glauben nach war die Rezitation solcher Verse nach dem Tod jedenfalls wichtig für das Weiterleben der Seele.

Um dem Spuk auf die Schliche zu kommen, brachte die Museumsleitung einen Beschleunigungsmesser am Rahmen der Vitrine an. Der sollte ähnlich einem Seismografen die Schwingungen im Ausstellungsraum messen und sehen, ob Neb-Senus merkwürdiger Tanz so erklärt werden könnte. Das Messgerät zeichnete in der Tat etliche Bewegungen auf: Schwingungen durch den nahen Autoverkehr, durch Züge und selbst Fußgänger. Die größten Schwingungen wurden tagsüber gemessen, wenn draußen der Berufsverkehr über die Oxford Road toste. Nachts wurde es dann ganz still um Neb-Senus Statue, bis um 5 Uhr morgens die Stadt wieder erwachte. Das ernüchternde Ergebnis:

Die wundersamen Drehungen des Neb-Senu stimmten haargenau mit dem Vibrationslevel der Umgebung überein. Die Statue wurde von nun an auf einer Wachsplatte befestigt und der Spuk hatte ein Ende. Doch hatte er das wirklich? Nicht alle Bewohner Manchesters glauben an die rationale Erklärung der Wissenschaftler. Schließlich hatte sich Neb-Senu vorher jahrzehntelang keinen Millimeter bewegt. Doch was immer der wirkliche Grund für den merkwürdigen Spuk war: Der jahrelang völlig unbekannte Name Neb-Senu war plötzlich in aller Munde.

wirkende Erscheinung, seine Helligkeit und Eleganz. Die Verwendung von leichten, hohlen Keramikröhren in der Dachsubstanz ermöglichte den Bau der ungewöhnlich dünnen, hohen Säulen. Ein Highlight der Kirche ist der **Hochaltar** aus hellem Derbyshire-Alabaster mit seinen hochstrebenden Türmen und Zinnen und zehn Statuen, die die wichtigsten Heiligen des Jesuitenordens darstellen.

Die **katholische Kirche** wurde 1871 geweiht, in einer Zeit also, in der die Einwohnerzahl Manchesters aufgrund der industriellen Revolution explodierte und Tausende von irischen Immigranten in die Stadt zogen. 1895 fand hier die Beerdigung von Charles Hallé (s. S. 34) statt, die von riesigen Menschenmassen begleitet wurde. Musikfans kennen die Kirche vor allem aus dem Smiths-Lied „Vicar in a tutu". Es erzählt von einem exzentrischen Priester mit ausgefallenem Kleidungsgeschmack, nach dem man heute allerdings vergebens sucht: Die Kirche ist in der Hand von ganz gewöhnlich gekleideten Jesuiten-Brüdern.

› 339 Oxford Road, M139PG, www.holyname.info, tägl. 7–19 Uhr

25 The Whitworth ★★★ [dj]

Dank seiner herrlichen Lage inmitten der alten Bäume des Whitworth Parks ist das Kunstmuseum auch als „Gallery in the Park" bekannt.

Nachdem das Whitworth 2015 nach langen Renovierungsarbeiten wiedereröffnet worden war, überschlugen sich die Kritiker schnell mit Lob. Bereits im gleichen Jahr ernannte der Arts Fund es zum **britischen Museum des Jahres** und im Jahr darauf gewann es den goldenen Preis vom britischen Tourismusverband für die beste große Besucherattraktion im Land. Der Grund dafür war eine Reihe hochkarätiger Ausstellungen von britischen Künstlern wie Cornelia Parker und Elizabeth Price sowie ein gemeinsames Projekt von Gerhard Richter und Arvo Pärt, die Besucher aus der ganzen Welt begeisterten. Das Museum beherbergt unter anderem Werke von van Gogh, Picasso, Henry Moore und David Hockney.

Das attraktive **Backsteingebäude** von 1889 wurde 2014 um einen **Glasflügel** erweitert, der direkt in den

542ma Abb.: aw

Park reicht und von dessen **Café** man einen schönen Blick in die umliegende Baumlandschaft und den angrenzenden **Kunst- und Skulpturgarten** hat.

› Oxford Road, M156ER, Fr.–Mi. 10–17 Uhr, Do. 10–21 Uhr, Eintritt frei

26 Curry Mile ★ [dj]

Bunt und würzig – in der Curry Mile zeigt Manchester sich von seiner weltoffenen Seite. Nicht Fish'n'Chips sondern **Curry** ist schon seit Jahrzehnten das Lieblingsgericht der Engländer. Kein Wunder also, dass Manchesters legendäre Curry Mile in Rusholme so beliebt ist. An diesem Abschnitt der Oxford Road zwischen dem Whitworth Park und dem Platt Fields Park reiht sich ein Restaurant an das andere und Tag und Nacht hängt ein Duft von Koriander und Kardamom in der Luft, während bunte Neonschilder um Kundschaft werben. Besonders Nachtschwärmer lieben diesen Teil der Stadt, da **Restaurants** und **Shisha-Bars** bis in die Morgenstunden geöffnet bleiben.

Schon ab den 1960er-Jahren siedelten sich an der Wilmslow Road in Rusholme **pakistanische und indische Einwanderer** an, zu denen sich heute viele **Araber** und **Afghanen** gesellt haben. Neben Restaurants finden sich hier etliche südasiatische Kleidungsgeschäfte, Bücherläden, Juweliers und vor allem Supermärkte, in denen man günstig exotische Gewürze und Früchte kaufen kann.

The Whitworth beherbergt eine der schönsten Kunstsammlungen der Stadt

27 Elizabeth Gaskell House ★★ [di]

Elizabeth Gaskells großartige Romane erzählen von den riesigen gesellschaftlichen Umwälzungen, die die Industrielle Revolution mit sich brachte. Ihr liebevoll restauriertes Haus steht seit 2014 wieder für Besucher offen.

Elizabeth Gaskell war eine der erfolgreichsten britischen Autorinnen des **viktorianischen Zeitalters.** Charles Dickens, der ihre Romane in seiner Zeitschrift „Household Words" veröffentlichte, nannte sie „meine liebe Sheherazade". Ihre Romane werden immer wieder mit denen Jane Austens verglichen, dabei schrieb Gaskell rund 40 Jahre später, in einer Zeit, als die englische Gesellschaft sich durch die Industrialisierung bereits bereits stark verändert hatte. Während nur wenige ihrer Bücher ins Deutsche übersetzt wurden, waren die BBC-Verfilmungen ihrer Bücher „North und South", „Cranford" und „Wives and Daughters" auch im Ausland ein großer Erfolg.

In diesem Haus in Plymouth Grove und nicht weit von der Oxford Road entfernt lebte die Autorin von 1850 bis zu ihrem Tod 1865 und wurde hier sowohl von Charles Dickens als auch von ihrer Freundin Charlotte Brontë besucht. „Es ist wirklich eine Schönheit", beschrieb sie ihr neues Zuhause 1850 in einem Brief an ihre Freundin Eliza Fox. „Ich muss dafür sorgen, dass das Haus anderen genausoviel Freude bereiten wird wie mir." Seit 2014 tut es dies wieder: Nach langwierigen Restaurierungarbeiten steht es jetzt zum ersten Mal für Besucher offen. Es gibt nicht nur einen interessanten **Einblick in das Leben der Autorin**, sondern auch in

036ma Abb.: ar

den **Alltag der Bewohner Manchesters** um 1860, wo die Stadt große Umwälzungen durchmachte und ein Zentrum von radikalen politischen Ideen wurde. Zum Haus gehören ein Tearoom, wo es Kaffee und Kuchen gibt, und ein schöner Garten.

› 84 Plymouth Grove, M139LW (Buslinien 196 und 197 halten in der Straße Plymouth Grove), www.elizabethgaskellhouse.co.uk, Mi./Do./So. 11–16.30 Uhr, Eintritt 4,95 £

28 Victoria Baths ★ [ej]

Als das viktorianische Badehaus 1906 zum ersten Mal seine Türen öffnete, beschrieb es der Oberbürgermeister Manchesters als schönstes städtisches Bad im ganzen Land, als einen Wasserpalast, auf den jeder Bewohner der Stadt stolz sein könne. Heute ist der Schwimmbetrieb eingestellt, aber das herrliche Jugendstilgebäude lockt weiter Kunst- und Architekturfans an.

Die Victoria Baths: an „Open Days" finden hier oft Konzerte statt

Beim Bau wurde nicht gespart. 95.000 £ kostete das extravagante Bad, mehr als doppelt so viel wie andere **öffentliche Badeanstalten** in England. Neben drei Pools gehörten auch ein türkisches und ein russisches Bad sowie eine Wäscherei dazu und 1950 eröffnete hier außerdem der erste Whirlpool Englands. Die Instandhaltung war allerdings sehr teuer und 1993 schloss die Stadt die Victoria Baths unter großen Protesten der Einheimischen. Zehn Jahre stand das Gebäude leer, dann gewann es 2003 in der BBC-Serie „Restoration Programme", in der Zuschauer für das schönste vom Verfall bedrohte Gebäude Großbritanniens stimmen, den ersten Platz und damit eine Geldsumme von 3,5 Millionen £.

Die Restauration ist allerdings noch nicht abgeschlossen und die Becken werden nur für besondere Veranstaltungen gefüllt. Wegen der fehlenden Heizung öffnet das Bad außerdem nur im Sommer seine Türen. Aber die herrlichen **Buntglasfenster**, die **Mosaike**, die eisernen **Balustraden** und **Terrakottawände** begeistern nun wieder eine neue Generation von

Besuchern. Neben seiner Schönheit ist das Bad auch ein interessanter Zeitzeuge des viktorianischen Zeitalters. Beachtenswert ist die Aufteilung in erste und zweite Klasse: das Bad der **ersten Klasse** war für die reichen Gentlemen aus dem nahen Victoria Park reserviert, während Normalbürger einen zweiten Eingang benutzen mussten. Für sie waren die Bäder oft die einzige richtige Waschgelegenheit, bevor Häuser eigene Badezimmer hatten. Auch Frauen mussten die Victoria Baths durch den „Second Class"-Eingang betreten. Die Zeit der Frauenrechtsbewegung in Manchester hatte gerade erst begonnen.

Heute wird die eindrucksvolle Kulisse der Victoria Baths oft für **Vintage-Märkte, Konzerte** und **Theaterstücke** benutzt.

Außerhalb dieser Veranstaltungen können Besucher das Jugendstilgebäude jeden Mittwoch bei einer **Führung** erkunden oder an „Open Days" (Tag der offenen Tür) entweder auf eigene Faust bzw. ebenfalls bei einer Führung in Ruhe anschauen, oft mit musikalischer Begleitung von Chören oder Bands.

› Hathersage Road, Rusholme, M13 0FE, www.victoriabaths.org.uk, April–Okt., Mi. 14 Uhr Führung (5 £), erster So. im Monat 12–16 Uhr Open Day, Eintritt 3 £

Ausgehviertel: Chinatown, Gay Village, Northern Quarter

29 Chinatown ★ [E4]

Manchesters Chinatown ist nach Paris und London **das drittgrößte chinesische Viertel Europas.** In den Straßen um den Chinesischen Bogen in der Faulkner Street finden sich etliche Restaurants, Supermärkte und Konditoreien. Karaoke-Bars reihen sich an Krämerläden, vor denen exotische Früchte ausliegen, und an chinesische Medizinläden, die mit Tinkturen und Kräutermischungen um Kundschaft werben.

Gastarbeiter aus der ehemaligen britischen Kolonie Hongkong siedelten sich in Folge des Arbeitskräftemangels nach dem Zweiten Weltkrieg in Manchester an und begannen bald, erste Läden zu eröffnen. In den 1970er-Jahren war die chinesische Gemeinde bereits so stark angewachsen, dass neben Restaurants auch chinesische Banken, Reisebüros und Apotheken eröffneten. Der **Chinesische Bogen**, der mit Drachen und Phönixen geschmückt ist, wurde 1987 aus China eingeschifft – ein Jahr, nach dem Manchester eine Partnerschaft mit der Stadt Wuhan einging. Heute sind etwa 2,7 % der Bevölkerung Manchesters chinesischer Herkunft.

› Faulkner Street, M14EE

30 Canal Street ★★ [E4]

Die Canal Street ist das **Zentrum des Schwulen- und Lesbenviertels** Manchesters, gehört aber unabhängig davon auch zu den schönsten Straßenzügen der Stadt. Die quirligen Bars und Cafés sind spätestens seit die in England sehr erfolgreiche TV-Serie „Queer as Folk" hier gedreht wurde **auch bei Heterosexuellen sehr beliebt.** Unter den Bäumen am Ufer des Rochdale Canal kann man im Sommer herrlich sitzen und das Leben an sich vorbeiziehen lassen.

Die Canal Street nahm zu Beginn des 19. Jahrhunderts ihren Anfang, als der Rochdale Canal gebaut wurde und sich zu einer der Hauptverkehrsadern Manchesters entwickelte. An der nahe gelegenen Schleuse eröffneten bald mehrere Pubs, um die Schiffer und anderen Kanalbenutzer zu bewirten, doch als die Wasserwege nach der Erfindung von Eisenbahn und Auto an Bedeutung verloren, ging es auch mit der Canal Street bergab. Die schlecht beleuchtete, kaum benutzte Straße wurde zum Rotlichtviertel und die Gegend rund um die Straße zu einem heimlichen Treffpunkt für Schwule.

Zu Beginn der 1990er-Jahre, als die Gleichberechtigung von Homosexuellen in Großbritannien gesetzlich festgelegt wurde, entwickelte sich die Gegend um die Canal Street dann zum **Gay Village**, das der ursprünglichen Bedeutung des Wortes „gay“, also fröhlich und heiter, heute noch alle Ehre macht.

31 Piccadilly Gardens ★ [E3]

Viele Einwohner Manchesters verbindet eine Hassliebe mit diesem Platz mitten im Herzen der Stadt. Während eines Luftangriffs 1940 wurde ein Großteil der umliegenden Häuser zerstört und von wenig attraktiven Nachkriegsbauten ersetzt. Eine Sanierung im Jahr 2002 sollte den Platz verschönern, stieß aber auf viel Kritik. Besonders der **Betonpavillon** des japanischen Künstlers Tadao Ando ist vielen ein Dorn im Auge und bekam bald den wenig schmeichelhaften Spitznamen „Berliner Mauer“.

Dennoch ist der Platz gerade im Sommer ein **beliebter Treffpunkt**, weil sich hier viele Buslinien kreuzen, der Bahnhof Piccadilly nur wenige Gehminuten entfernt ist und sich die Market Street, Manchesters geschäftigste Einkaufsstraße, gleich nebenan befindet. Die Grasfläche um die Wasserfontäne herum ist an Wochenenden voller Menschen, und Straßenkünstler und Musikanten sorgen für Unterhaltung. Mehrere **Statuen** aus dem viktoriani-

064ma Abb.: kw

Alan Turing

Gleich um die Ecke von der Canal Street (30) sitzt im kleinen Park Sackville Gardens eine bronzene Statue auf einer Bank: Es ist ein Denkmal für den Informatiker und Mathematiker Alan Turing (1912–1950), dessen bewegte Lebensgeschichte u. a. 2014 mit Benedict Cumberbatch in der Hauptrolle erfolgreich verfilmt wurde („The Imitation Game"). Turing gilt als Erfinder der modernen Informatik- und Computertheorie und war während des Zweiten Weltkriegs maßgebend an der Entzifferung des deutschen Enigma-Codes beteiligt. Die höchste Auszeichnung der Informatik, der Turing Award, ist genauso nach ihm benannt wie der Turing Test, ein Nachweis künstlicher Intelligenz. 1952 wurde Turing wegen seiner Homosexualität, die damals in England als Straftat angesehen wurde, zu einer Gefängnisstrafe verurteilt. Um dieser zu entgehen, entschied er sich für eine chemische Kastration durch die Behandlung mit Östrogen. Die Vorurteile gegenüber seiner Sexualität und die körperlichen Veränderungen, die die Behandlung mit sich brachten, machten ihm schwer zu schaffen. 1954 nahm er sich durch einen mit Cyanid vergifteten Apfel das Leben. Erst 2013 sprach Königin Elizabeth II. ein „Royal Pardon" (eine königliche Begnadigung) aus und Turing war, 59 Jahre nach seinem Tod, endlich rehabilitiert.

schen Zeitalter stehen am Nordostende des Platzes. Besonders bemerkenswert ist die Abbildung einer recht beleibten Königin Victoria, die kurz nach ihrem Tod 1901 errichtet wurde.

Donnerstags, freitags und samstags findet von 11 bis 17.30 Uhr ein kleiner **Markt** mit Blumen- und Kunsthandwerkständen sowie Street Food statt.

Am letzten Juliwochenende verwandelt sich die Grünfläche für das **„Manchester Picnic"** (s. S. 95) in eine große Picknickwiese mit Liegestühlen, Essensständen und Livemusik (Infos: www.facebook.com/TheManchesterPicnic, Eintritt frei).

◁ Die Canal Street ist das Zentrum des Schwulen- und Lesbenviertels

(32) Northern Quarter ★★★ [E2]

Im Kreativviertel der Stadt geht es lebendig zu. Tagsüber laden kleine Boutiquen, Galerien und Plattenläden zum Bummeln ein, abends locken die vielen Musikschuppen, Pubs und Klubs Nachtschwärmer an.

Der Begriff „Shabby Chic" beschreibt gut das Aussehen vieler Straßenzüge im Northern Quarter: etwas heruntergekommen, kantig, aber dabei auf eigene Weise auch sehr schön. Es ist eine Atmosphäre, die schon seit über zwei Jahrzehnten vor allem **Kreative** und **junge Leute** wie ein Magnet in diesen Teil der Stadt zieht.

Das heute kaum noch wegzudenkende Quartier zwischen den Bahnhöfen Piccadilly und Victoria und dem Stadtteil Ancoats existiert als solches erst seit den 1990er-Jahren. Von 1844 bis 1972 war das Viertel von dem riesigen **Smithfield Market** geprägt, der sich über mehrere Straßen hinweg erstreckte. In den umliegenden Straßen entstanden Lagerhäuser für die großen Mengen an Waren, die auf dem Markt verkauft wurden. Überreste des Marktes sind noch in vielen Teilen des Northern Quarters sichtbar: in der High Street, wo noch die alten Bögen des Fischmarktes stehen, oder in der Oak Street mit der alten Markthalle, in der heute das **Craft and Design Centre** (s. S. 91) zu Hause ist. Als der Markt 1972 schloss, verfielen die meisten Gebäude. Noch heute sieht man zwischen den Szenekneipen und schicken Wohnungen verfallene Häuser, aus denen das Unkraut sprießt. Doch die **Gentrifizierung** geht weiter und das Viertel ist teilweise ein Opfer seines eigenen Erfolgs geworden: Mieten in diesem Teil der Stadt sind jetzt so hoch wie kaum anderswo und legendären Musikschuppen wie dem Night & Day Cafe (s. S. 82) wird mit Schließung gedroht, da die Bewohner der umliegenden schicken Penthouse-Apartments sich über Lärmbelästigung beschweren.

Für Besucher sind nicht nur die vielen Bars und Geschäfte von Interesse, sondern auch die **Straßenkunst**, die sich hinter jeder Ecke verbirgt. Selbst die Straßenschilder im Northern Quarter haben ihren eigenen Charme. Die blauweißen Keramikschilder sehen je nach Himmelsrichtung unterschiedlich aus: Straßen, die in Richtung Ost-West verlaufen, haben blaue Schilder mit weißer Schrift. Von Norden nach Süden verlaufende Straßen haben weiße Schilder mit blauer Schrift. Abseits der Hauptstraßen verstecken sich enge Seitengassen, die mit ihren Feuertreppen ein wenig an New York erinnern und schon des Öfteren bei Filmdreharbeiten den „Big Apple“ gedoubelt haben.

33 Greater Manchester Police Museum ★ [F3]

Die alte Polizeiwache aus der Zeit Königin Victorias ist eines der faszinierendsten kleineren Museen der Stadt. Hier kann man sich z. B. **in die Rolle eines Bösewichts** aus dem 19. Jahrhundert **versetzen** und sich auf das harte Bett der spartanischen Gefängniszelle legen oder sich im Gerichtssaal aus dem Jahr 1895 in den Zeugenstand begeben. Nicht nur Kindern macht es Spaß, die alten **Polizeiuniformen anzuprobieren**, die hohen Hüte der Bobbies aufzusetzen oder sich hinter das Steuer eines modernen Streifenwagens zu setzen. Die pensionierten Polizisten, die als Freiwillige in dem Museum arbeiten, sprudeln regelrecht über von Anekdoten aus ihrer eigenen Arbeitszeit und der ihrer Kollegen vor hundert Jahren.

Faszinierend ist die Ausstellung über die **berüchtigtsten Kriminellen und Gangs** im Manchester des 19. Jahrhunderts, inklusive Fahndungsfotos und dem alten Strafregister. Den Diebstahl von Schweinefleisch scheint die Polizei damals ganz besonders scharf geahndet zu haben. So wurde 1804 der 15-jährige John Beck wegen Raubes eines Sauerbratens zu einer vierwöchigen Gefängnisstrafe und zwei Runden öffentlicher Peitschenhiebe verdonnert und der 20-jährige William Chambers 1845 wegen des Diebstahls eines Schweins gar für 15 Jahre in eine australische Strafkolonie verbannt. Viele Einheimische besuchen das Museum, um im Archiv nach etwaigen kriminellen Vorfahren zu forschen.

› 57a Newton Street, M11ET, www.gmpmuseum.co.uk, jeden Di. (in den Schulferien auch Do.) 10.30–15.30 Uhr, Eintritt frei

Manchester als Filmkulisse

Die Houses of Parliament, das Brooklyn der 1940er-Jahre, die schlecht beleuchteteten Gassen des Londoner East End: Filmfans könnten viele Gebäude und Straßenzüge Manchesters bekannt vorkommen. Das viktorianische Rathaus ❶ *ist besonders als Kulisse für Kostümfilme beliebt, die im 19. Jahrhundert spielen. 2013 konnte man zum Beispiel den Harry-Potter-Darsteller Daniel Radcliffe und X-Men-Star James McAvoy beim Dreh der Hollywood-Verfilmung von „Frankenstein" im Zylinderhut über den Albert Square spazieren sehen. Ein paar Monate war das Rathaus Kulisse für die britische Jack-the-Ripper-Serie „Ripper Street". Aber die Town Hall wird auch immer wieder als Double der Houses of Parliament benutzt: So entstanden hier 2011 das Margaret-Thatcher-Biopic „The Iron Lady" mit Meryl Streep und die britisch-amerikanische Verfilmung von „Sherlock Holmes" mit Robert Downey Junior.*

Das Northern Quarter ㉜ *mit seinen alten Lagerhäusern mit Feuerleitern hingegen ersetzt immer wieder New York. „Captain America" wurde 2013 hier gedreht, genauso wie die eigentlich in Manhattan spielende Komödie „Alfie" mit Jude Law.*

Und natürlich spielt Manchester auch sich selbst. Am originellsten wohl in Michael Winterbottoms Film „24 Hour Party People" (2002), der die Geschichte der Musikszene Manchesters von den 1970er-Jahren bis zum Jahr 1997 erzählt. Der Horrorfilm „Das Leichenhaus der lebendigen Toten" (1974) unter der Regie des Spaniers Jorge Grau, der in Manchester und dem Peak District spielt, wirkt hingegen mittlerweile eher komisch als unheimlich.

„Lights, Camera, Action!" – Darsteller der TV-Serie „Ripper Street" bei Dreharbeiten am Rathaus

038ma Abb.: ar

34 Ancoats ★ [F2]

Der nördlich an die Innenstadt angrenzende Stadtteil Ancoats gilt als **erster industrieller Vorort der Welt.** „Was Manchester für die Welt ist, ist Ancoats für Manchester", hieß es 1849 im Morning Chronicle. Alles, was wir heute mit der Industriellen Revolution assoziieren – vom Reichtum der Fabrikbesitzer, den großen technischen Errungenschaften bis hin zum unvorstellbaren Elend der Arbeiter – zentrierte sich im 19. Jahrhundert auf das kompakte Viertel zwischen der Oldham Road und Great Ancoats Street.

Die gigantischen **Lagerhallen** und **viktorianischen Fabriken** aus rotem Backstein lassen noch etwas von der Geschäftigkeit ahnen, die hier einmal geherrscht haben muss, doch heute geht es zwischen den teilweise renovierten und in schicke Wohnungen und Büros umgebauten, teilweise aber auch verfallenen Fabrikgebäuden ruhig zu. Der Name Ancoats geht auf das Altenglische *ana cots*, „einsame Höfe", zurück. Doch mit dem Bau des Rochdale Canal 1804 explodierte die Bevölkerungszahl: Keine 50 Jahre später lebten hier bereits über 54.000 Einwohner. Viele von ihnen waren Iren, die vor der Armut in ihrem eigenen Land geflohen waren und nun in den **Slums** im Schatten der riesigen Fabriken hausten. „Die Hölle auf Erden ...", beschrieb Friedrich Engels die Straßen von Ancoats damals, „alles hier erweckt Abscheu und Empörung." Zwölfköpfige Familien drängten sich in winzigen, jämmerlichen Zimmern ohne fließendem Wasser. Die Lebenserwartung lag bei 17 Jahren. Schon Kinder mussten 72-Stunden-Wochen arbeiten, meist in fürcherlicher Hitze und begleitet vom ständigen höllischen Lärm der Maschinen.

Am Ende des 19. Jahrhunderts begann die Stadtregierung, die Slums abzureißen und durch **Sozialbauten** zu ersetzen. **Anita Street**, heute eine beliebte Straße mit hübschen Reihenhäusern, ist eine dieser Neubebauungen. Als sie 1897 entstand, hieß sie noch „Sanitary Street", weil die Häuser hier anders als in anderen Arbeitersiedlungen bereits WCs besaßen.

Mehr als 100 Jahre später geht die Neubelebung weiter: Ein Teil Ancoats ist zum vermeintlich vornehmeren **New Islington** geworden, wo am ehemals verschmutzten Kanal jetzt der Cotton Field Park mit bunten Hausbooten entstanden ist. Aber noch findet man zwischen schicken Büros und Wohnungen verfallene Straßenzüge, wo das Unkraut aus den Fenstern sprießt und die Armut von früher noch spürbar ist.

Der alte Hafen: Salford Quays

Der Manchester Ship Canal wurde 1894 von Königin Victoria feierlich eröffnet. Trotz der 58 km Entfernung zum Meer sollte der Kanal Manchester zum drittgrößten Hafen Großbritanniens machen. Rund 5000 Schiffe befuhren ihn Anfang des 20. Jahrhunderts im Jahr und mehr als 75.000 Arbeiter waren am Hafen beschäftigt. Im Laufe der Jahre wurden die meisten Frachtschiffe zu groß, um durch den Kanal zu navigieren, der Textilhandel brach zusammen und der Hafen wurde schließlich aufgegeben. In den 1990er-Jahren begann die Wiederbelebung: Mehrere Museen, Restaurants, Geschäfte und Hotels wurden gebaut und spätestens seit die

BBC 2011 in die Salford Quays (ausgesprochen „Kies") zog, wurde der ehemalige Hafenbezirk zu einer begehrten Wohngegend.

35 The Lowry ★★★ [ai]

The Lowry beherbergt die weltweit größte Sammlung von Werken des Malers L. S. Lowry und mehrere Theaterbühnen sowie Konzertsäle. Das im Jahr 2000 von Königin Elizabeth II. eröffnete **Kulturzentrum** am Manchester Ship Canal ist eine der meistbesuchten Sehenswürdigkeiten der Stadt. Das aus 2466 Tonnen Stahl, 48.000 Tonnen Beton und 5263 Quadratmetern Glas bestehende Gebäude ist durch eine Brücke mit dem gegenüberliegenden Imperial War Museum North 36 verbunden und schon wegen seiner ausgefallenen **Architektur** einen Besuch wert. Die ineinandergreifenden geometrischen Formen passen hervorragend zu dem hypermodernen Umfeld des neu sanierten Hafenviertels, dessen Wiederbelebung mit dem Bau des The Lowry eingeleitet wurde.

Das **Innere** ist im Kontrast zum stahlgrauen Äußeren in grellbunten Orange-, Grün- und Lilatönen gehalten. Einen Ehrenplatz hat die Dauerausstellung mit Werken des 1887 in Manchester geborenen Malers **L. S. Lowry**. Er gilt als einer der größten und ungewöhnlichsten britischen Künstler des 20. Jahrhunderts. Seine naiven, von Strichmännchen bevölkerten Stadtlandschaften stellen das Leben in den Industriemetropolen Nordenglands dar. Die Motive für seine Werke fand Lowry in der Alltagswelt von Salford, wo er 30 Jahre seines Lebens verbrachte: Menschen hasten zur Arbeit, Jahrmarktbesucher stehen vor rauchenden Schornsteinen Schlange, Fußballfans eilen zum Stadion. Obwohl Lowry bis zum Rentenalter für eine Makleragentur arbeitete und oft nur nachts zum Malen kam, umfasst das Werk des 1976 verstorbenen Malers über 1000 Gemälde und 8000 Zeichnungen, von denen heute ein großer Teil im Besitz des Lowry-Zentrums sind.

› Pier 8, Salford Quays, M503AZ, www.thelowry.com, Metrolink: MediacityUK oder Harbour City, So.–Fr. 11–17 Uhr, Sa. 10–17 Uhr, Eintritt frei

EXTRATIPP

Mit dem Schiff nach Liverpool

Die Zugfahrt nach Liverpool mag nur 30 Minuten dauern, aber die sechsstündige Kanalfahrt über den Manchester Ship Canal ist ein Erlebnis, das man so schnell nicht wieder vergisst. Es geht durch fünf Schleusen und an einmaligen Landschaften und historischen Häusern vorbei, bis schließlich die eindrucksvolle Silhouette Liverpools am Horizont erscheint. In der Stadt hat man knapp 2½ Std. Aufenthalt, dann geht es mit dem Bus zurück.

› **Mersey Ferries**, Tel. 0151 3301444, www.merseyferries.co.uk, Preis inkl. Rückfahrt 39 £, eine Reservierung ist notwendig

36 Imperial War Museum North ★★ [ai]

Bei dem spektakulären Gebäude am Manchester Ship Canal handelt es sich eigentlich viel mehr um ein Friedens- als ein Kriegsmuseum, stellt es doch auf bewegende Art die **dunklen Seiten des Krieges** dar, anstatt ihn zu verherrlichen. Der Architekt **Daniel Libeskind** entwarf das Museum in der Form einer zersplitterten Erdku-

039ma Abb.: ar

gel und der Eindruck von Zerstörung wird auch im Inneren widergespiegelt: Schräge Böden und eine ungewöhnliche Raumaufteilung vermitteln ein Gefühl von Desorientierung. Eindrucksvoll sind die **Filmvorführungen**, die jeweils zur vollen Stunde an Wände und Decken des verdunkelten Museums projiziert werden. Sie sprechen verschiedene Themen wie die Folgen des Krieges auf Kinder an. Vom 29 m hohen **Aussichtsturm** bietet sich ein weiter Blick über die Salford Quays. Eine Warnung für Menschen mit Höhenangst: Der großmaschige Gitterboden der Aussichtsplattform verstärkt das Schwindelgefühl.

› Trafford Wharf Road, M171TZ, Metrolink: MediacityUK oder Harbour City, www.iwm.org.uk, tägl. 10–16.30 Uhr, Eintritt frei

Blick über den Manchester Ship Canal zum Kulturzentrum The Lowry 35

37 Media City UK ★★ [ai]

In dem ultramodernen **Medienzentrum** Media City UK sind nicht nur ein großer Teil der **BBC**, sondern auch andere britische **Fernseh- und Radiosender** beheimatet. So wird hier unter anderem die älteste Seifenoper der Welt, **„Coronation Street"**, gedreht, wenngleich die Kulisse momentan leider nicht besichtigt werden kann. Empfehlenswert ist die rund zweistündige **Führung** durch das BBC-Gebäude, bei der Besucher nicht nur einen faszinierenden Einblick in die Produktion von weltweit bekannten Fernsehprogrammen und Radiosendungen bekommen, sondern sich auch als Nachrichtensprecher und Wetteransager versuchen können.

› Salford Quays, M502EQ, www.mediacityuk.co.uk

› **BBC at Media City UK,** www.bbc.co.uk/tours, Führungen Sa.–Mo. sowie Mi. jeweils 10.30, 12.30 und 15 Uhr, 11 £, Kinder 7,25 £

Entdeckungen außerhalb des Zentrums

38 Salford Lads Club ★ [bi]

Was Londonern die Abbey Road ist und Liverpudlians der Cavern Club, ist für die Einwohner Manchesters der Salford Lads Club. Vor dem **Jugendklub** posierten einst **The Smiths** für das Cover ihres Albums „The Queen is Dead", was ihnen heute Tausende an Musikfans aus aller Welt nachmachen. Das rote Backsteingebäude mit der grünen Tür ist für viele ein Inbegriff der Musik Manchesters. Kaum ein Popfan verlässt die Stadt, ohne ein Foto von dem recht gewöhnlichen Gebäudeeingang geschossen zu haben. Heute ist in dem Gebäude ein ganzer Raum den Smiths gewidmet, in dem etliche Fotos der Band und andere Erinnerungsstücke zu sehen sind.

› St Ignatius Walk, Ordsall, M53RX, www.salfordladsclub.org.uk, Tel. 8723767, Sa. 11–14 Uhr, sonst nach telefonischer Absprache, Anreise: Bus Nummer 33 von Piccadilly Gardens bis Regent Road/Comus Street

39 Old Trafford Football Ground und Manchester United Museum ★★★ [aj]

An Manchester United kommt man im fußballbegeisterten Manchester einfach nicht vorbei. Selbst wer sich kaum für Sport interessiert, wird vom „Theater der Träume", wie das Stadion in Old Trafford oft genannt wird, beeindruckt sein.

Wer es nicht schafft, eine Karte für ein Heimspiel zu ergattern, sollte es nicht versäumen, eine **Tour** durch das Stadion mitzumachen. Bei dem rund 60-minütigen Rundgang haben Besucher nicht nur die Möglichkeit, von der Tribüne aus einen Blick in die ca. 76.000 Zuschauer fassende Arena zu werfen, sondern können auch einmal das Stadion aus der Sicht der Spieler erleben: Man bekommt Zugang zum Umkleideraum und zur Players Lounge, die der Trainer nur auf Einladung der Spieler betreten darf, und darf durch den Tunnel in das Stadion hinauslaufen – ein Erlebnis, das selbst den größten Fußballbanausen beeindrucken dürfte.

Im Preis der Tour eingeschlossen ist ein Besuch des **Manchester United Museum** mit seinen etlichen Trophäen, Trikots und informativen Ausstellungen über den Klub und das Stadion, in dem United bereits seit 1910 seine Heimspiele bestreitet. Das Museum kann auch unabhängig von der Tour besucht werden, was sich jedoch wegen des hohen Eintrittspreises kaum lohnt. Am Stadion befindet sich außerdem ein riesiger **Souvenirladen**, in dem jede erdenkliche Geschenkidee mit dem berühmten Man-U-Logo zu erwerben ist.

› Sir Matt Busby Way, M160RA, www.manutd.com, Tour inkl. Museumsbesuch tägl. (bis auf Heimspieltage) 9.40–16.30 Uhr alle zehn Minuten, Erw. 18 £, Kinder 12 £; Museum tägl. 9.30–17 Uhr, Erw. 11 £, Kinder 8,50 £. Touren sollten so früh wie möglich im Voraus online gebucht werden! Metrolink: Old Trafford.

› **Manchester United Megastore,** Mo.–Sa. 9.30–18 Uhr, So. 11–17 Uhr (bei Heimspielen geschlossen)

40 Etihad Stadium ★★ [eh]

Das Etihad-Stadion wurde ursprünglich für die Commonwealth-Spiele 2002 gebaut, ist aber seit 2004 **Heimat des Fußballvereins Manchester City.**

Die „Reds" und die „Blues" – Manchesters Fußballklubs

Auf der ganzen Welt assoziiert man Manchester mit dem Fußballklub-Manchester United, der 1878 unter dem umständlichen Namen „Newton Heath Lancashire and Yorkshire Railway Football and Cricket Club" ins Leben gerufen wurde. 659 Millionen Fans will der Klub mittlerweile weltweit haben, wobei viele zweifeln, ob das so stimmen kann. Zahlen hin oder her: United ist ganz ohne Frage einer der bekanntesten Fußballklubs der Welt. Dabei vergessen aber viele, dass Manchesters zweiter Klub, Manchester City, wegen der Farbe ihrer Trikots auch die ***„Blues"*** *genannt, mittlerweile genauso erfolgreich bzw. in den letzten Jahren sogar noch erfolgreicher geworden ist als die* ***„Red Devils"*** *von Old Trafford. „Ein echter Mancunian hält zu City", ist ein Klischee, welches man in England immer wieder hört. Wahrscheinlich geht es auf die Tatsache zurück, dass City lange so wenig Erfolg hatte, dass tatsächlich die überwiegende Zahl der Fans aus Manchester stammte. Warum sollte sich ein auswärtiger Fan für eine Mannschaft interessieren, die sich ständig in der unteren Tabellenhälfte herumtrieb? Von den Mitgliedern des Manchester-United-Fanklubs leben nur 0,1 % wirklich in der Stadt und trotzdem ist laut Umfragen die Stadt fast 50:50 gespalten, was die Treue für „Rot" oder „Blau" angeht. Im Norden und Westen der Stadt überwiegen dabei traditionell die United-Fans, während die Bewohner der östlichen und südlichen Stadtteile eher zu City tendieren.*

Beide Klubs haben eine lange und bewegte Geschichte: ***Manchester United*** *spielte 1902 zum ersten Mal unter seinem heutigen Namen und gewann 1908 erstmals die Meisterschaft und im Jahr darauf den englischen Pokal. Die nächsten 50 Jahre sollten eine Enttäuschung sein: Meist bewegte sich der Klub in der unteren Hälfte der Tabelle, mal stieg er ab, dann wieder auf. 1945 sollte ein entscheidendes Jahr für den Verein werden: Der Schotte* ***Matt Busby*** *wurde als Trainer verpflichtet und führte die Mannschaft in seinen 24 Jahren in Old Trafford fünfmal zum Gewinn der Meisterschaft, zweimal zum Sieg im Pokal und einmal sogar im Europapokal der Landesmeister. In seine Zeit fiel aber auch eine schreckliche Katastrophe: Am 6. Februar 1958 verunglückte ein Flugzeug, das die United-Mannschaft von einem Spiel gegen Belgrad nach Hause fliegen sollte, nach einem Zwischentankstopp am Flughafen München-Riem. Acht Spieler und drei Offizielle starben, zwei weitere Spieler wurden so schwer verletzt, dass sie nie wieder spielen konnten. Matt Busby überlebte trotz schwerer Verletzungen und schaffte es innerhalb von wenigen Jahren, ein neues Team zu Hochleistungen in England und Europa zu führen. Auch der zweite große Trainer von United war ein Schotte:* ***Alex Ferguson*** *war 26 Jahre lang Trainer von United, gewann mit dem Klub ganze 49 Trophäen und machte ihn zu der weltweit bekannten Marke, die er heute ist. Fergusons Abschied 2013 leitete eine schwere Krise für United ein. Mit Mühe versucht der Klub heute, wieder an seine früheren Erfolge anzuknüpfen.*

City-Fans hingegen durften in den letzten Jahren zum ersten Mal seit

040ma Abb.: kw

Jahrzehnten wieder feiern. Manchester City ging aus dem Kirchenverein St Mark's hervor, der 1880 in West Gorton gegründet wurde und sich 1893 in **Manchester City F.C.** *umtaufte. Der erste große Erfolg kam 1904, als City den englischen Pokal gewann, doch auf die erste Meisterschaft mussten die Fans bis 1937 warten. 1923 bezog der Verein das Stadion Maine Road in Moss Side, wo er bis zum Umzug in das heute als Etihad* 40 *bekannte Stadion im Osten der Stadt im Jahr 2013 heimisch war. Eines der bemerkenswertesten Spiele Citys war das Pokalfinale gegen Birmingham 1956, in dem der deutsche Torwart* **Bert Trautmann** *trotz gebrochenem Halswirbel weiterspielte und dem Verein so zum 3:1-Sieg verhalf. 1968 brach eine erfolgreiche Ära für City an: Sie gewannen erst den englischen Titel, im Jahr darauf auch den Pokal und 1970 den Europacup der Pokalsieger. Doch anschließend sollte es jahrelang schlecht um den Verein bestellt sein: City stieg gleich 3-mal aus der obersten Liga und 1998 sogar in die dritte ab. Das Schicksal wendete sich, als 2008* **Scheich Mansour aus Abu Dhabi** *den Verein aufkaufte und Millionen in neue Spieler investierte. 2011 gewann City den FA Cup und im Jahr darauf zum ersten Mal seit 44 Jahren die englische Meisterschaft. Im Jahr darauf wiederholte die Mannschaft dieses Wunder gleich noch einmal. Aber einer der süßesten Siege kam 2011: Da schlug City im heißumkämpften Lokalderby United mit einem überzeugenden 6:1. Nach Jahrzehnten als Underdog war City plötzlich zu Manchesters bestem Fußballklub avanciert.*

Kaum ein Fußballstadion ist so berühmt wie „Old Trafford“ 39

EXTRATIPP

Tickets für Manchester United und City

Nicht leicht, aber keineswegs unmöglich: Um Karten für ein Spiel von **Manchester United** zu bekommen, braucht man eine Menge Glück. Mitglieder des Vereins (Jahresbeitrag £ 32) können vor jedem Spiel an einer Verlosung teilnehmen. Am besten stehen die Chancen bei europäischen Begegnungen, die unter der Woche stattfinden, und bei relativ unbedeutenden Gegnern. Mit noch mehr Glück kann man manchmal auch direkt vor Spielbeginn am Ticket Office vor dem Stadion nicht abgeholte Tickets erwerben, wobei wiederum Mitglieder Vorrang haben. An Karten für den Lokalrivalen **Manchester City** kommt man bedeutend leichter. Der Vorverkauf beginnt rund vier Wochen vor jedem Spiel und bis auf besonders hochkarätige Spiele gibt es oft noch 1 bis 2 Wochen vor Spielbeginn Resttickets. Pokalspiele sind in der Regel deutlich günstiger und selten im Vorfeld ausverkauft.

Die günstigsten Tickets für ein Man-U-Spiel kosten 31 £, für ein City-Spiel 36 £. Kurzentschlossene können außerdem online bei viagogo Tickets kaufen, allerdings gegen einen großen Aufpreis.

› www.manutd.com
› www.mcfc.co.uk
› www.viagogo.co.uk

Mit einer Kapazität von 55.000 Plätzen ist es das **viertgrößte Stadion Großbritanniens.** Zwar mag es nicht so legendär wie Manchester Uniteds Old Trafford sein, trotzdem lohnt sich auf jeden Fall eine der spannenden **Stadiontouren,** bei der man auf der Trainerbank Platz nehmen, die Umkleidekabinen besuchen und das Stadion aus der Spielerperspektive erleben kann. An Spieltagen gibt es Touren kurz vor Spielbeginn, bei denen man außerdem die Vorbereitungen der Fernsehteams auf das Spiel miterleben kann.

› Ashton New Road, M113FF, www.mcfc.co.uk, Touren tägl. zwischen 10.30 und 15.30 Uhr halbstündlich, Erw. 16 £, Kinder 10 £, Metrolink: Etihad Campus

41 The Trafford Centre ★ [s. Faltplan]

Für einige ist das gigantische **Shoppingcentre** 4 km südlich der Innenstadt eine Hölle, für andere die Erfüllung all ihrer Einkaufsträume. Im Trafford Centre, das mit seinen blauen Kuppeln aus der Ferne fast wie ein Tempel wirkt, befinden sich neben 280 Geschäften auch ein riesiger Gastronomiebereich mit 35 Restaurants, Kinos, Bowlingbahnen und etlichen anderen Unterhaltungsmöglichkeiten. Bei Regenwetter kann man hier einen ganzen Tag verbringen.

Allein der Besuch des **Legoland Discovery Centre** und des Meeresaquariums **Sea Life** kann mehrere Stunden beanspruchen. Wem das Wetter draußen nicht feucht genug ist, der kann im Aquarium gleich ganz untertauchen: Für 60 £ darf man sich im Tauchanzug zwischen Haien, Rochen und Meeresschildkröten gesellen (Vorausbuchung erforderlich). Gleich neben dem Trafford Centre findet sich außerdem das riesige Spielzentrum **Play Factore,** ein Schlaraffenland für Kinder mit riesigen Klettergerüsten, Rutschen, Gokart-Bahnen, Seilbahnen, Laserspielen usw.

› **Trafford Centre,** Barton Dock Road, M178AA, www.intu.co.uk/traffordcentre, geöffnet Mo.–Fr. 10–22, Sa. 10–21, So. 12–18 Uhr. Die Anreise erfolgt mit Bus X50, der alle 15 Minuten von Piccadilly Gardens direkt zum Trafford Centre fährt (Mo.–Sa. 7–18, So. 10–17.30 Uhr, abends fährt Linie 250 mit einigen Zwischenstopps).

› **Legoland Discovery Centre,** www.legolanddiscoverycentre.co.uk/Manchester, tägl. 10–18.30 Uhr. Der Eintritt ist nur in Begleitung von Kindern möglich und beträgt 16,95 £ (online ab 9,95 £), ermäßigte Tickets sind am Manchester Visitor Information Centre (s. S. 114) erhältlich. Ein Kombiticket für Legoland und Sea Life kostet 17, 50 £ und muss 24 Stunden vor dem Besuch online gebucht werden.

› **Sea Life Manchester,** www.visitsealife.com/Manchester, tägl. 10–19 Uhr, Eintritt 17,95 £ (online ab 10,95 £), Familienticket (1 Erw. und 1 Kind) 11,50 £, ermäßigte Tickets sind am Manchester Visitor Information Centre (s. S. 114) erhältlich, Kombiticket siehe Legoland

•2 **Play Factore,** Trafford Way, Trafford Quays Leisure Village, M417JA, www.playfactore.com, tägl. 10–18.30 Uhr, Eintritt 1,95–10,95 £

42 Beech Road, Chorlton ★★ [s. Faltplan]

Nur wenige Metrolink-Minuten südlich der Innenstadt und doch weitab vom Touristenrummel liegt der Szenevorort Chorlton. Besonders an warmen Sommerabenden bieten die **ruhigen Biergärten** und **Restaurants** der hübschen Beech Road (rund 15 Gehminuten von der Metrolink-Station Chorlton entfernt) eine gute Alternative zur hektischen Innenstadt.

Zusammen mit dem benachbarten Didsbury gehört Chorlton zu den wohlhabendsten Vororten Manchesters. Besonders bei jungen Kreativen ist der **künstlerisch angehauchte Bezirk** beliebt und die Einwohner anderer Teile Manchesters machen sich oft über die „Chorltonites" lustig und meinen, dass diese am liebsten im veganen Supermarkt Unicorn in der Albany Road ein paar Weizenkorn-Smoothies kaufen, bevor sie zu ihrer allabendlichen Yoga-Klasse radeln.

Aber auch wer keinen Gefallen an Öko-Schick hat, wird sich in den urigen **Pubs** in der Beech Road wohlfühlen. Auf den Terrassen des Horse & Jockey und des Bowling Green lassen sich problemlos ein paar Stunden vertrödeln – vielleicht verbunden mit einem Spaziergang durch die angrenzenden **Chorlton Ees,** einer weiten Wald- und Weidenlandschaft. Um die Hauptstraßen Wilbraham und Manchester Road herum finden sich etliche weitere Lokale und Läden.

43 The Monastery ★★ [fi]

Das eindrucksvolle **ehemalige Franziskanerkloster** im Vorort Gorton gilt als Meisterwerk der Neugotik. Nachdem es 1998 vom World Monument Fund neben Pompeji und dem Taj Mahal auf die Liste der 100 gefährdetsten Kulturdenkmäler der Welt gesetzt wurde, begann eine 6,5 Millionen Pfund teure Restaurierung, die 2007 beendet wurde. Heute finden in den alten Mauern wieder **religiöse Veranstaltungen, Konzerte** und **Konferenzen** statt und an Sonntagen steht das Gebäude Besuchern offen.

Das Kloster wurde von dem renommierten Architekten E.W. Pugin entworfen und zwischen 1863 und 1872 von den Franziskanern eigenhändig erbaut. In den 1960er-Jahren begann die Stadt, die umliegenden Wohnsiedlungen, die als heruntergekommen galten, abzureißen und die Bewohner in andere Viertel umzusiedeln. Noch immer gilt dieser Teil Manchesters als verarmt und heruntergekommen und die Kirchengemeinde des Gorton Mo-

041ma Abb.: ar

nastery schrumpfte immer weiter, bis die Franziskaner das riesige Gebäude 1989 aus Kostengründen aufgeben mussten. Immobilienhaie, Vandalen und Diebe sorgten dafür, dass ein beträchtlicher Teil des Inneren zerstört wurde, doch bei der Restaurierung rekonstruierte man das ehemalige Aussehen und die Kirche erscheint heute wieder in ihrem alten Glanz.

› Gorton Lane, Gorton, M125WF, www.themonastery.co.uk, So. 12–16 Uhr. An manchen Sonntagen ist das Kloster wegen Sonderveranstaltungen geschlossen. Termine und Veranstaltungen werden auf der Website angezeigt, Eintritt frei

The Monastery wurde 1863 vom Franziskanerorden gebaut

Entdeckungen in der Umgebung

Ein großer Reiz Manchesters ist die Nähe zu mehreren herrlichen Nationalparks und weiteren spannenden Städten. Die hier aufgeführten Ziele beschränken sich auf die unmittelbare Umgebung und sind alle gut mit öffentlichen Verkehrsmitteln zu erreichen. Lohnenswert sind jedoch auch Ausflüge in das mit dem Zug nur 30 Minuten entfernte Liverpool und in die mittelalterlichen Städte Chester und York, die mit zu den malerischsten Orten Englands gehören. Neben Exkursionen in die benachbarten Grafschaften Yorkshire, Derbyshire und Cheshire empfehlen sich außerdem vor allem Reisen in den Lake District, der mit seinen Bergen und Seen zum Wandern einlädt, und in die schroffen, fast alpinen Berglandschaften des Snowdonia-Nationalparks in Nordwales. Auch die Küsten von Nordwales und Burgstädte wie Conwy sind sehr reizvoll und in weniger als 90 Minuten zu erreichen.

Die Lyme Hall liegt herrlich in den Hochmooren über Manchester

44 Lyme Hall ★★ [s. Faltplan]

Das elegante **Herrenhaus** mit seinen schönen Gärten und ausgedehnten Parkanlagen befindet sich erhöht am Rand des **Peak District National Park.** Filmfans könnte Lyme Hall bekannt vorkommen: In der BBC-Verfilmung von Jane Austens **„Stolz und Vorurteil“** war sie die Residenz von Mr. Darcy, gespielt von Colin Firth. Das Herrenhaus geht auf das 16. Jahrhundert zurück, wurde aber vom venezianischen Architekten Leoni in den 1720er-Jahren umgebaut und im 19. Jahrhundert von Lewis Wyatt modernisiert. Im Innern finden sich **prächtige Räume im Regency-Stil**, die Besuchern einen guten Eindruck vermitteln, wie die englische Oberschicht Anfang des 19. Jahrhunderts lebte. Auf der Südseite des Anwesens spiegelt sich das Haus malerisch in einem großen **See**, den Austen-Fans als den See wiedererkennen, dem Mr. Darcy mit nassem Hemd entsteigt. Wiederholt wurde dies vom britischen Publikum zur unvergesslichsten Fernsehszene gewählt. An den See schließen sich die **Gärten** und eine **Orangerie** an, die typisch für die englische Gartenkunst sind.

Neben dem Besuch der Lyme Hall und der Gärten lohnt sich auch der Weg zum **Cage**, einem Turm, von dem aus die Ladys des Hauses früher den Jagden zusahen. Der Turm selbst ist meist geschlossen, aber vom Hügel bietet sich ein herrlicher Blick über Manchester und bis zu den Bergen von Wales. Auch kann man hier oft die Herde von Damhirschen und Rotwild beobachten, die im **Park** zu Hause ist. Letzterer besteht aus moorigen Schafwiesen und Waldgebieten, die von schönen Wanderwegen durchzogen sind. Am Parkplatz finden sich ein Café, ein Abenteuerspielplatz und ein Souvenirladen mit Lokalprodukten.

› Disley, Stockport SK122NR, www.nationaltrust.org.uk/lyme-park, Lyme Hall: März–Okt. Fr.–Di. 11–17 Uhr, Eintritt 7,20 £; Gärten: März–Okt. tägl. 11–17 Uhr, Nov.–Febr. Sa./So. 10.30–15 Uhr, Eintritt 6,30 £ (Haus und Gärten: £ 9.90, Rabatte für Kinder und Familien); Park tägl. 8–20 Uhr, Eintritt frei (Parkplatz 7 £)

› **Anreise:** mit dem Zug nach Disley (weitere 1,6 km über einen ausgeschilderten Fußweg) oder per Auto über die A6. Wer die hohen Parkkosten vermeiden will, kann in der Red Lane in Disley parken und von dort zu Fuß weitergehen.

45 Buxton ★★ [s. Faltplan]

Die Heilbäder der höchstgelegenen Marktstadt Englands wurden schon von den Römern genutzt. Heute ist der elegante Ort ein idealer Ausgangspunkt, um den umliegenden Peak District zu erkunden.

042ma Abb.: ar

EXTRATIPP

Mit dem Folk Train in den Peak District

Ein lohnender Ausflug für Musik- und Pub-Liebhaber: Von Juli bis September werden die Fahrgäste auf der idyllischen Strecke von Manchester nach Glossop oder Hathersage an zwei Wochenenden im Monat von Musikern der Folk-Szene unterhalten. Am Zielbahnhof wird in gemütlichen Pubs weitergespielt, dann geht es wieder zurück. Abgesehen vom Zugticket (Hin- und Rückfahrt nach Glossop 4,40 £, Hathersage 11,20 £) kostenlos.

› **Manchester Folk Train,** Tel. 4949814, www.hvhptp.org.uk/folktran.htm

Die Römer kannten den Ort unter dem Namen Aquae Arnemetiae, benannt nach einer keltischen Gottheit, die hier verehrt wurde. Heute wird das Wasser, das aus **neun Quellen** entspringt, in ganz Großbritannien als Mineralwasser verkauft. Am Schrein der heiligen Anna im Stadtzentrum, aus dem das 28 C° warme Wasser heraussprudelt, können Besucher ihre Flaschen kostenlos auffüllen.

Zu den Sehenswürdigkeiten der Stadt zählt der **Crescent**, eine sichelförmig angelegte Reihe an Gebäuden, die zwischen 1780 und 1784 von William Cavendish, dem 5. Herzog von Devonshire, erbaut wurde. Der Herzog hatte vor, Buxton in einen Kurort zu verwandeln, der es mit Bath oder Cheltenham in Südengland aufnehmen konnte, doch das kühle Klima des hoch in den Mooren gelegenen Städtchens machte ihm einen Strich durch die Rechnung. Buxton sollte nie wirklich über Nordenglands Grenzen hinaus bekannt werden. Der Crescent wird momentan renoviert und soll 2019 als Luxushotel mit Thermalbad wiedereröffnet werden.

Voll wird es in der Stadt während des **Buxton Festival** Mitte Juli, einem hochgelobten Fest für Literatur und Musik, für den Besucher aus ganz Großbritannien in das Städtchen strömen. Im Pavilion in der St John's Road mit seinen schönen Gärten sind die Touristeninformation und ein Geschenkeladen mit vielen lokalen Produkten untergebracht.

› **Anreise:** mit dem Zug von Piccadilly aus, Fahrzeit ca. 1 Std., Fahrkarte rund 10 £

043ma Abb.: ar

46 Mam Tor ★★ [s. Faltplan]

Der 517 m hohe **Hügel** Mam Tor zwischen den Dörfern Edale und Castleton gehört zu einem der schönsten Aussichtspunkte des Peak Districts. Von hier aus bietet sich ein herrlicher Blick über die wilde „Mondlandschaft" des Dark Peak und den sanfteren, von Schafwiesen geprägten Hügeln des White Peak. Der Name, der so viel bedeutet wie **„Mutterhügel"**, lässt vermuten, dass hier bereits in der Vorzeit eine Muttergöttin verehrt wurde. Fest steht auf jeden Fall, dass der Hügel bereits 1200 v. Chr. bewohnt war: Nahe dem Gipfel wurden Überreste eines Bronzezeit-Forts gefunden.

Mam Tor ist auch als **Shivering Mountain** („zitternder Berg") bekannt, da die südöstliche Seite seit Jahrtausenden langsam verrutscht. Deutlich kann man das an der nahe dem Berg verlaufenden Straße A625 sehen, die wegen ständiger Erdrutsche in den 1980er-Jahren geschlossen wurde. In unmittelbarer Nähe zum Mam Tor befindet sich die Kalksteinhöhle **Blue John Cavern**, die im Rahmen einer Führung besichtigt werden kann. In den umliegenden Dörfern Edale und Castleton gibt es mehrere schöne Einkehrmöglichkeiten.

› **Mam Tor**, Hope Valley, Derbyshire, S338WA

› **Blue John Cavern**, Mam Tor, www.bluejohn-cavern.co.uk, tägl. 9.30–16 Uhr, Eintritt Erw. 10 £, Kinder 5 £

› **Anreise:** Mit dem Zug nach Edale und von dort zu Fuß weiter (3 km) oder Zug nach Chapel-en-le-Frith und von dort aus mit Buslinie 200 direkt zum Mam Tor. Autofahrer können am Mam-Nick-Parkplatz direkt unterhalb des Berges parken, von wo aus der Gipfel über Stufen leicht zu erreichen ist.

47 Hebden Bridge ★★ [s. Faltplan]

Urige Steinhäuser, Secondhand-Buchläden, vegane Cafés – das sympathische Städtchen Hebden Bridge in Yorkshire ist ein Paradies für alle, die es unkonventionell mögen.

Hebden Bridge, 30 km nordöstlich von Manchester gelegen, ist selbst im exzentrischen England einzigartig. In den 1980er-Jahren entdeckten **Künstler** und **Alternative** den 4500-Seelen-Ort für sich und begannen, die alten Weberhäuser, die sich malerisch an die Hänge des Calder-Tals drücken, in Ateliers und Wohnungen umzuwandeln. Die schmucken **Cafés**, **Kunsthandwerksläden** und bunten **Hausboote** veranlassten das British-Airways-Magazin sogar dazu, Hebden Bridge zum „viertcoolsten Ort der Welt" zu erklären. Besonders in den Sommermonaten, wenn Straßenmusiker an der alten Brücke spielen, die dem Ort ihren Namen gab, lohnt sich die kurze Zugfahrt Richtung Yorkshire.

Das Städtchen ist ein hervorragender Ausgangspunkt für **Wanderungen** durch das waldige Tal von Hardcastle Crags und über die umliegenden Moore sowie entlang des Rochdale Canal. Lohnenswert ist auch der steile Aufstieg zum Dorf **Heptonstall** mit seiner stimmungsvollen Kirchenruine, hübschem Kopfsteinpflaster und mehreren gemütlichen Pubs. Auf dem Friedhof des Dorfes, von dem sich eine weite Sicht über die umliegenden Moore bietet, liegt die amerikanische Schriftstellerin **Sylvia Plath**

Weite Sicht in alle Himmelsrichtungen: der Blick vom Mam Tor

044ma Abb.: ar

Peak District National Park

In unmittelbarer Nähe zu Manchester liegt einer der schönsten Nationalparks Großbritanniens. Der Peak District ist nicht nur der älteste, sondern auch der beliebteste Nationalpark der Britischen Inseln: Jedes Jahr besuchen etwa 22 Millionen Menschen das 1404 km² große Gebiet, doch die Menschenmengen verlieren sich in den einsamen ***Hochmooren*** *schnell. Nur wenige Kilometer außerhalb Manchesters findet man sich in einer kargen Hügellandschaft wieder, wo weit und breit nur Schafe, alte Steinmauern und das eine oder andere verfallene Gehöft zu sehen sind. Traditionell unterscheidet man zwischen dem von weiten Mooren und Sandstein geprägten nördlichen* ***Dark Peak*** *und dem sanfteren* ***White Peak*** *im Süden des Nationalparks, wo Weideland, üppige grüne Täler und Kalkstein dominieren. Der Dark Peak, der sich östlich von Manchester bis nach Sheffield erstreckt, ist von einer rauen, wildromantischen Schönheit. Vom Wind und Regen geformte Granitfelsen thronen über endlosen Heidekrautebenen, in denen immer wieder der Schrei von Auerhähnen zu hören ist und wo im Winter weiße Schneehasen herumjagen. „Die Moore sind eine Bühne für die Aufführungen des Himmels", schrieb der 1998 verstorbene Dichter Ted Hughes, und die oft dramatischen Wolkenformationen des Peak District scheinen einem tatsächlich manchmal wie eine gewollte Inszenierung.*

Überall im Peak District finden sich mysteriöse ***Überreste aus der Bronzezeit,*** *wie der Steinkreis von Arbor Low oder der der „Neun Jungfrauen" im Stanton Moor. Um Letzteren kreist die Sage, dass hier einst an einem Sonntag neun junge Frauen ausgelassen tanzten, anstatt zur Kirche zu gehen, und für dieses Vergehen sofort in Steine verwandelt wurden. Auch einige Gebräuche, die sich bis heute gehalten haben, gehen auf vorchristliche*

begraben. Ihr Mann Ted Hughes, einer der größten englischen Dichter des 20. Jahrhunderts, stammte aus dem benachbarten Mytholmroyd.

› **Hebden Bridge Visitor Centre,** Butler's Wharf, HX78AF, Tel. 01422 843831, März–Okt. Mo.–Fr. 9.30–17.30, Sa./So. 10.30–17 Uhr; Nov.–Febr. Mo.–Fr. 10–17 Uhr, Sa./So. 10.30–16.15 Uhr
› **Anfahrt:** von Manchester Victoria zwei Direktzüge pro Stunde (Fahrtzeit etwa 35 Min., Hin- und Rückfahrt ab 8 £)

◁ *Der Rochdale Canal im malerisch gelegenen Hebden Bridge*

48 The Brontë Parsonage Museum ★★ [s. Faltplan]

Zu Lebzeiten der Brontës war Haworth ein abgelegenes Dorf in den einsamen Mooren West Yorkshires. Heute pilgern Leute aus der ganzen Welt zu dem Pfarrhaus, in dem die drei Schriftstellerschwestern ihre großartigen Romane schrieben.

Sie gehören zu den beliebtesten Autoren Großbritanniens: Bücher wie „Wuthering Heights" und „Jane Eyre" der Schwestern **Charlotte**, **Emily** und **Anne** gehören zu den Meisterwerken der englischen Literatur. Die Romane entstanden allesamt in dem abgele-

*Zeit zurück. Besonders berühmt ist die Region für das **Well Dressing,** das Schmücken von Quellen im Sommer. In vielen Orten werden mit viel Mühe und großem Zeitaufwand große Mosaike aus Beeren, Blüten und Samen gebastelt, die dann mit einer großen Feier verbunden an der jeweiligen Quelle aufgestellt werden.*

*Das Well Dressing findet jedes Jahr von Mai bis September in 80 verschiedenen Dörfern des Peak District statt und geht vermutlich auf eine heidnische Verehrung von Wassergottheiten zurück. Ein weiterer alter Brauch ist die alljährliche **Krönung des Garland King** im Städtchen Castleton am Oak Apple Day („Eichenapfeltag") Ende Mai, gefolgt wird sie von Tänzen um den Maibaum. Höhepunkt ist der Ritt des Königs durch das Dorf, bei dem er ein riesiges, mit großen Blumensträußen geschmücktes Holzgestell trägt, unter dem nur seine Beine herausschauen, während der „Nettle Man" all diejenigen, die sich nicht mit Eichenzweigen geschmückt haben, mit Brennesseln schlägt. Die Krönung des „Girlandenkönigs" soll auf ein keltisches Fruchtbarkeitsritual zurückgehen.*

*Aber auch außerhalb dieser Festzeiten sind die Dörfer des Peak District einen Besuch wert. Viele der **malerischen Örtchen** haben sich gut auf Wanderer eingestellt, da der **Pennine Way,** Großbritanniens längster Fernwanderweg, quer durch den Nationalpark führt. Von ihm zweigen wiederum etliche kürzere Wanderwege ab. Außerdem finden sich in den schroffen Mooren einige der schönsten **Herrenhäuser** Englands, von Lyme Hall 44 kurz außerhalb Manchesters über das majestätische Chatsworth House bis zu Haddon Hall. Wer britische Kostümfilme mag, ist hier an der richtigen Adresse: Ein großer Teil der Jane-Austen- und Brontë-Verfilmungen wurden im Peak District gefilmt.*

genen **Pfarrhaus** *(parsonage)*, welches die Schwestern 1820 mit ihrem Vater, dem anglikanischen Pfarrer Patrick Brontë, bezogen.

Kurz nach ihrer Ankunft in Haworth ereilte die Familie allerdings ein Schicksalsschlag nach dem anderen: Erst starb die Mutter mit 38 Jahren, dann die älteste Tochter Mary und kurz darauf deren Schwester Elizabeth – die Lebenserwartung in diesem Teil Englands lag damals nur bei 25 Jahren.

Die überlebenden Schwestern Charlotte, Emily und Anne sowie ihr Bruder Branwell zogen sich in Fantasiewelten zurück und verbrachten ihre Kindheit mit langen Spaziergängen in den einsamen Mooren und dem Erfinden von etlichen Geschichten, die sie in winzigen Büchern aufschrieben.

1847 veröffentlichten die drei Schwestern unter männlichen Pseudonymen ihre ersten Romane, die schnell viel Aufsehen erregten und später allesamt zu wichtigen Werken der Weltliteratur werden sollten. Doch von ihrem späteren Ruhm bekamen die drei nicht viel mit. Bereits 1848 starb Emily an Tuberkulose und im Jahr darauf raffte die Krankheit auch Anne dahin. Charlotte überlebte ihre Schwestern noch um weitere sechs Jahre.

Das Pfarrhaus wurde schon wenige Jahre nach ihrem Tod zum Wallfahrtsort für Literaturfans. Noch immer strömen jährlich Tausende von Besuchern nach West Yorkshire, um Annes Schreibpult zu bestaunen, sich über Charlottes winzige Schuhe zu wundern oder einen Blick in Emilys Deutschbuch zu werfen. Der Weg zu **Top Withins**, einem verfallenen Gehöft in den windumtosten Mooren, das Emily zum Schreiben von „Wuthering Heights" inspiriert haben soll, ist sogar auf Japanisch ausgezeichnet.

In dem lauschigen Ort **Haworth** scheint die Zeit stehen geblieben zu sein. In den steilen Kopfsteinpflastergassen werben etliche Teestuben und urige Pubs um Kundschaft. Ein Besuchermagnet ist der gleich unterhalb des Pfarrhauses gelegene Pub Black Bull, in dem Branwell, der einzige Bruder der Brontë Sisters, ein oft gesehener Gast war. Bis auf Anne, die in Scarborough starb, ist die ganze Familie in der Kirche St Michael and All Angels unterhalb des Pfarrhauses beigesetzt.

- Church Street, Haworth, West Yorkshire, BD228DR, www.bronte.org.uk, April–Okt. tägl. 10–17.30 Uhr, Eintritt 8,50 £
- **Anreise:** mit dem Zug nach Keighley (Dauer: 90 Minuten, Hin- und Rückreise ab 23 £), von wo aus Busse zu dem 8 km entfernten Haworth fahren

MANCHESTER ERLEBEN

002ma Abb.: ar

Manchester für Kunst- und Museumsfreunde

Museen

27 [di] **Elizabeth Gaskell House.** Im Haus der Schriftstellerin Elizabeth Gaskell erfährt man nicht nur viel über die Autorin, sondern auch über das Leben in Manchester in der Mitte des 19. Jh. (s. S. 41).

M3 [dj] **Gallery of Costume,** Platt Hall, Rusholme, M145LL, www.manchestergalleries.org/our-other-venues/platt-hall-gallery-of-costume, geöffnet: Do./Fr. 13–17, Sa./So. 10–17 Uhr, Eintritt frei. In der eleganten Platt Hall befindet sich eine der größten Modesammlungen Großbritanniens.

33 [F3] **Greater Manchester Police Museum.** Die viktorianische Polizeiwache gibt Besuchern einen Einblick in die Verbrecherwelt des 19. Jahrhunderts (s. S. 46).

36 [ai] **Imperial War Museum North.** Das von Daniel Libeskind in der Form einer zerbrochenen Scherbe gestaltete Gebäude zeigt Ausstellungen über die Weltkriege (s. S. 49).

6 [D4] **Manchester Art Gallery.** Die Kunstgalerie Manchesters beherbergt eine beeindruckende Sammlung von Kunst, Handwerk und Design, einschließlich einer der besten Sammlungen an präraffaelitischen Malereien der Welt (s. S. 19).

M4 [dg] **Manchester Jewish Museum,** 190 Cheetham Hill Road, M88LW, www.manchesterjewishmuseum.com, geöffnet: So.–Do. 10–16 Uhr, Fr. 10–13 Uhr, Eintritt frei. Das Museum ist in einer Synagoge aus dem Jahr 1874 untergebracht und erzählt die Geschichte der großen jüdischen Gemeinde der Stadt.

23 [F7] **Manchester Museum.** Zu den Highlights des Manchester Museum gehören ein riesiges Dinosaurierskelett, eine beeindruckende ägyptische Abteilung und ein Vivarium, an dem besonders auch Kinder viel Spaß haben (s. S. 38).

39 [aj] **Manchester United Museum.** Das am Stadion von Manchester United gelegene Museum ist mit seinen Erinnerungsstücken und interessanten Ausstellungen ein Muss für alle Fußballfans (s. S. 51).

18 [B4] **Museum of Science and Industry (MOSI).** Das Museum erstreckt sich über fünf historische Industriegebäude, einschließlich des ältesten Bahnsteigs der Welt, und zeigt Ausstellungen über die industrielle Vergangenheit der Stadt sowie wissenschaftliche Entdeckungen der Neuzeit (s. S. 29).

M5 [dg] **Museum of Transport,** Boyle Street, Cheetham Hill, M88UW, geöffnet: Mi., Sa., So. und an Feiertagen sowie im August täglich 10–16.30 Uhr, Eintritt: 4 £, unter 16 Eintritt frei. In zwei Hallen sind liebevoll restaurierte Transportmittel untergebracht, angefangen von einer Pferdekutsche bis zur Metrolink-Bahn.

12 [D2] **National Football Museum.** Das Museum beherbergt etliche Erinnerungsstücke und interaktive Ausstellungen, die auch Fußballmuffel begeistern (s. S. 23).

16 [B3] **People's History Museum.** Der Kampf für Demokratie und die Rechte von Arbeitern werden in diesem Museum spannend dargestellt (s. S. 28).

48 **The Brontë Parsonage Museum.** Das Pfarrhaus, in dem Charlotte, Emily und Anne Brontë ihre großartigen Werke

◁ Vorseite: Bei der Manchester Day Parade (s. S. 94) feiert die Stadt sich selbst

schrieben, gibt einen eindrucksvollen Einblick in das Leben der Schriftstellerinnen-Schwestern (s. S. 61).

22 [D5] **The International Anthony Burgess Foundation.** 2010 setzte seine Heimatstadt dem Autor von „A Clockwork Orange" mit diesem Kulturzentrum ein Denkmal, in dem ein Archiv und eine Sammlung seiner Besitzstücke untergebracht sind (s. S. 38).

35 [ai] **The Lowry.** Das Kulturzentrum zeigt Werke des aus Manchester stammenden Malers L.S. Lowry und Wechselausstellungen anderer renommierter Künstler (s. S. 49).

25 [dj] **The Whitworth.** Die Galerie beherbergt eine der größten Kunstsammlungen der Stadt mit Werken u. a. von van Gogh, Picasso, Henry Moore und David Hockney (s. S. 40).

In der Manchester Art Gallery 6

Kunstgalerien

G6 [B4] **Artzu Gallery,** Old Granada Studios, Quay Street, www.artzu.co.uk, Do.–Sa. 10.30–17, So. 12–17 Uhr. Eine Galerie für zeitgenössische Malerei, Fotografie und Skulptur.

G7 [C5] **Castlefield Gallery,** 2 Hewitt Street, www.castlefieldgallery.co.uk. Mehrere Turner-Price-Gewinner wurden zu Beginn ihrer Karriere von dieser renommierten Galerie gefördert. Neben Ausstellungen finden auch Workshops, Lesungen und andere Events statt. Die Öffnungszeiten findet man auf der Website der Galerie.

G8 [E2] **Chinese Art Centre,** Market Building, Thomas Street, M41EU, www.cfcca.org.uk, Di.–Sa. 10–17 Uhr. Hier werden Wechselausstellungen von zeitgenössischen chinesischen Künstlern gezeigt.

G9 [E3] **Generation Gallery,** New York Street, M14DB, www.generationgallery.com, Di.–Sa. 10–18 Uhr. Seit 2004 verkauft die Galerie Pop-Art und urbane Kunst von beliebten britischen Künstlern wie Kerry Darlington und JJ Adams.

G10 [E2] **Richard Goodall Gallery,** 103 High Street, Northern Quarter, www.richardgoodallgallery.com, Mi.–Sa. 11–17 Uhr. Während sich diese Galerie auf Fotografie und Malerei spezialisiert hat, gibt es in der Zweigstelle um die Ecke (59 Thomas Street) Musikposter und Pop-Art-Prints.

Kunst unter freiem Himmel

Street Art und **Graffiti:** Beim Schlendern durch das Northern Quarter trifft man gerade in den ruhigeren Nebenstraßen immer wieder auf ausgefallene Skulpturen und große Murals. Eine der beliebtesten Wandmalereien ist die riesige **Blaumeise** der Künstlerin Faunagraphic aus Sheffield in der Newton Street [F2/3]. Gleich um die Ecke am Stevenson Square [F2] verleiht die Iniative **Out House** den früher grauen Betonklötzen in der Mitte des Platzes alle drei Monate ein neues Aussehen. Auch in der Tib Street finden sich viele Kunstwerke: An der Ecke zur Church Street [E2] steht das „**Tib Street Horn**" des Künstlers David Kemp. Die exzentrische Skulptur schlängelt sich um die Ruinen einer alten Hutfabrik und sieht ein wenig aus wie eine Kombination aus Drache und Saxofon. Gegenüber, am Afflecks Palace, finden sich die Mosaike des Künstlers **Mark Kennedy**, die berühmte Persönlichkeiten Manchesters darstellen: von Engels und Marx über Emmeline Pankhurst bis zum Fußballspieler Eric Cantona. Rechts neben dem Eingang hängt eines der meist fotografierten Kunstwerke der Stadt: ein weiteres Mosaik Kennedys mit der Aufschrift: „And on the sixth day God created Man-chester". Auch wer auf die Erde schaut, stößt auf Kunst. Mittlerweile sind die **Gedichtsteine** des Autors Lemn Sissay sehr abgewetzt und der eine oder andere Buchstabe fehlt, aber das auf über 15 Bodenplatten in der Tib Street verteilte Werk ist noch immer so eben lesbar. Bei vielen Kunstwerken im Northern Quarter handelt es sich um **Sticker Art**, also Graffitis, die an die Wände geklebt werden und oft nur einige Monate halten, bis sie sich wegen der Witterung auflösen. Doch gerade diese Kurzlebigkeit macht das Entdecken und vielleicht Fotografieren dieser Kunstwerke um so spannender.

Street Art findet man in Manchester an vielen Orten

Manchester für Genießer

Essen und Trinken

Noch nie hatten Feinschmecker es in Manchester so gut wie heute: In den letzten Jahren ist die Zahl der Restaurants und Cafés regelrecht explodiert, und noch immer gibt es fast monatlich Neueröffnungen, die die Herzen von Gourmets höher schlagen lassen.

Manchesters Küche profitiert schon seit Jahrzehnten von den vielen **Einwanderern**, die in der Stadt heimisch geworden sind. Nirgendwo sonst in Europa gibt es eine so riesige Auswahl an südasiatischen Restaurants wie in der sogenannten **Curry Mile** 26, während Fans der ostasiatischen Küche in **Chinatown** 29 glücklich werden. Aber auch Länder, deren Gerichte noch wenige kennen, sind gut vertreten: Von äthiopischen über chilenische bis zu malaysischen Restaurants gibt es so gut wie alles – in Manchester kann man sich problemlos einmal um den Erdball essen.

Während es früher hieß, der Franzose lebe, um zu essen und der Engländer esse, um zu leben, kann die **britische Küche** heute längst mit ihren kontinentalen Nachbarn mithalten. Es wird viel Wert auf ökologisch angebaute, regionale Produkte und auf kreative, oft sogar gewagte Geschmackskombinationen gelegt. Die Jungstars der britischen Küche heißen **Aidan Byrne** und **Simon Rogan**. Ersterer war mit 22 Jahren der jüngste Koch, der je mit einem Michelin-Stern ausgezeichnet wurde, während Simon Rogan als einer der innovativsten britischen Köche der letzten Jahre gilt. 2014 traten die zwei Gourmetchefs in dem BBC-Programm Restaurant Wars gegeneinander an und gingen am Ende beide als Gewinner hervor, denn seit der Ausstrahlung sind ihre zwei Restaurants oft monatelang ausgebucht. Beide haben mit **The Lounge at the Manchester House** (s. S. 71) und **Mr Cooper's House and Garden** (s. S. 70) in denselben Gebäuden, wo ihre Haute-Cuisine-Paläste (Manchester House und The French) untergebracht sind, zwei informellere Restaurants, wo auch Normalbürger zu erschwinglichen Preisen essen können.

Lokale Spezialitäten

Die Briten und insbesondere die Nordengländer haben eine besondere Vorliebe für Pasteten. In jedem traditionellen Restaurant werden **pies** und **puddings** serviert, die entweder mit Fleisch oder Gemüse gefüllt sind. *Pies* werden dabei in Blät-

008ma Abb.: rtr

Üppiger Afternoon Tea in den Richmond Tea Rooms (s. S. 76)

Gastro- und Nightlife-Areale

Bläulich hervorgehobene Bereiche in den Karten kennzeichnen Gebiete mit einem dichten Angebot an Restaurants, Bars, Klubs, Discos etc.

terteig gebacken, *puddings* in Rindertalg. Ein sehr beliebtes Gericht ist der **Steak and Kidney Pudding**, eine Mischung aus Steak- und Nierenfleisch mit Rindfleischsoße. Vegetarische Variationen sind **Cheese and Leek Pies** (Käse und Lauch) oder **Cheese and Onion Pies** (Käse und Zwiebeln). Auch beim **Black Pudding** liegt man falsch, wenn man an eine süße Nachspeise denkt. Es handelt sich vielmehr um Blutwurst, die bedeutend besser schmeckt, als der Name es vermuten lässt, und heute gern von den Starköchen der Modern British Cuisine als Vorspeise serviert wird. Am berühmtesten sind die Blutwürste der Bury Black Pudding Company, die im nördlich an Manchester angrenzenden Bury hergestellt werden.

Kulinarischer Tagesablauf

Weltweit bekannt ist das ausufernde **English Breakfast**, das von Einheimischen meist als Full Cooked Breakfast bezeichnet wird. Dazu werden Würstchen, Speck, gebackene Bohnen in Tomatensoße, Tomaten, Eier – entweder *scrambled* (Rührei), *fried* (Spiegelei) oder *poached* (pochiert) –, Pilze, Kartoffelpuffer und Black Pudding serviert, zusammen mit Toast, der manchmal auch noch frittiert wird, um die Kalorienbombe zu vervollständigen. Getrunken wird dazu entweder **Kaffee** oder **Schwarzer Tee**, der mit Milch serviert wird – wer keine Milch will, muss darauf hinweisen. Natürlich verspeist kein Brite dieses Frühstück jeden Morgen. Viele essen es am Wochenende oder zu besonderen Anlässen, während man unter der Woche einfach ein paar Scheiben Toast mit Marmelade oder *cereals* isst, also Müsli oder Getreideflocken.

Das britische **Lunch** fällt normalerweise recht bescheiden aus. Viele Engländer begnügen sich mit ei-

009ma Abb.: tch

nem Sandwich, einem Baguette, einer *pasty* (einer kleinen, mit Fleisch, Gemüse oder Käse gefüllten Pastete) oder einem Salat. Nur am Sonntag fällt die Hauptmahlzeit auf die Mittagszeit. Der **Sunday Roast** (Sonntagsbraten) besteht aus Hühnchen-, Lamm-, oder Rindfleisch und wird mit Möhren, Erbsen, Pastinaken, Blumenkohl und Yorkshire Pudding, einem Backwerk aus Eierkuchenteig, sowie großen Mengen an *gravy* (Bratensoße) serviert.

Nachmittags ist die berühmte britische **Teatime** wieder im Kommen und viele Cafés und Restaurants bieten üppige **Afternoon Teas** mit Champagner und allem Drum und Dran an (s. S. 72). Zur normalen *Teatime* isst man hingegen höchstens ein paar Kekse oder *scones* (süßes Gebäck). Auf Auswärtige wirkt die Angewohnheit von Nordengländern, das Abendbrot als „Tea" zu bezeichnen, oft ein wenig verwirrend. Sie soll darauf zurückgehen, dass die Fabrikarbeiter Nordenglands nach der Arbeit hungrig nach Hause kamen und ihre Hauptmahlzeit sofort verzehrten – zur gleichen Zeit, zu der die Upper Class gerade gemächlich ihren Afternoon Tea zu sich nahm.

Das **Abendbrot** ist in England die Hauptmahlzeit und wird meist zwischen sieben und acht Uhr eingenommen. Pubs servieren Essen meist bis neun, Restaurants bis zehn Uhr oder später.

Das **Trinkgeld** beläuft sich, wenn man mit dem Service zufrieden war, auf rund 10 %. In England ist es üblich, dass man sich das Wechselgeld auszahlen und dann das Trinkgeld auf dem Tisch liegen lässt. In Pubs gibt es meist keinen Tischservice, d. h. man muss an der Bar bezahlen und die Getränke selbst mitnehmen. Das Essen wird dann später gebracht. In Pubs ist Trinkgeld daher nicht üblich.

◁ Britische Küche auf hohem Niveau: Mr Thomas's Chop House (s. S. 70)

Preiskategorien

Die Preiskategorien beziehen sich auf ein Hauptgericht ohne Getränke.

£	5–10 £
££	10–15 £
£££	ab 15 £

Hervorhebenswerte Lokale

Britische Küche

11 [B5] **Albert's Shed** ££–£££, 20 Castle Street, Castlefield, M34LZ, Tel. 8399818, www.albertsshed.com, Mo.–Do. 12–22 Uhr, Fr. 12–22.30 Uhr, Sa. 10.30–23 Uhr, So. 10.30–21.30 Uhr. Lokalspezialitäten wie Lancashire-Käse- und Zwiebelpasteten oder Lammgerichte, aber auch italienische Klassiker wie Pasta und Pizza. Im Albert's Shed isst man mit schönem Blick auf die Kanäle von Castlefield. In der wärmeren Jahreszeit lohnt es sich, einen Tisch auf der Terrasse im Voraus zu buchen.

12 [C4] **Almost Famous** £, Great Northern Warehouse, Peter Street, M34EJ, www.almostfamousburgers.com, So.–Do. 12–22 Uhr, Fr./Sa. 12–23 Uhr. Das Gourmet-Fast-Food von Almost Famous hat in Manchester Kultstatus. Obwohl ein Burger rund 9 £ kostet, muss man hier am Wochenende schon mal auf einen Tisch warten – Reservierungen sind nicht möglich.

13 [C3] **Artisan** ££, Avenue North, 18–22 Bridge Street, Spinningfields, M33BZ, Tel. 8324181, www.artisan.uk.com, Mo.–Mi. 12–24, Do. 12–1 Uhr, Fr./

010ma Abb.: ar

Sa. 12–2 Uhr, So. 12–11 Uhr. Wie eine Mischung aus riesigem Warenhaus und Künstlerstudio kommt dieses Restaurant daher, das gleichzeitig als Ausstellungsort für Kunstinstallationen und Skulpturen fungiert. Das Essen passt zum Industriecharme: rustikal mit Betonung auf guten Zutaten aus der Region. Günstig ist das Mittagsmenü.

14 [D5] **Gorilla** £-££, 54–59 Whitworth Street, M15WW, Tel. 4070301, www.thisisgorilla.com, Mo.–Fr. 11.30–22 Uhr, Sa./So. 9–22 Uhr. Tagsüber kann man im Gorilla hervorragend brunchen oder Burger und andere Hauptspeisen wie marokkanisches Lachsfilet mit Couscous versuchen. Abends gibt es im Keller Livemusik oder Klubnächte.

15 [E2] **Home Sweet Home** £, 49–51 Edge Street, Northern Quarter, M41HW, Tel. 2449424, www.homesweethomenq.com, Mo.–Do. 9–22 Uhr, Fr./Sa. 9–23 Uhr, So. 9–21 Uhr. Herzhafte, hausgemachte Speisen, großzügige Portionen und eine heimelige Atmosphäre: Hier kann man zu jeder Tageszeit gut essen, und dem herrlichen Kuchenangebot kann man nur schwer widerstehen. WLAN-Hotspot.

16 [D4] **Mr Cooper's** £££, The Midland Hotel, Peter Street, M602DS, Tel. 9324128,www.mrcoopers.co.uk, Mo.–Sa. 11.30–22 Uhr, So. 13–20 Uhr. Simon Rogan, einer der neuen Starköche Großbritanniens, ist für das vornehme und oft lange im Voraus ausgebuchte Restaurant The French im Midland Hotel zuständig. Einfacher kommt man in dieses ebenfalls von ihm geführte Restaurant, wo es entspannter zugeht und man für ähnlich hochwertige Speisen nur einen Bruchteil zahlt.

17 [D3] **Mr Thomas's Chop House** ££, 52 Cross Street, St Ann's Square, M27AR, Tel. 8322245, www.tomschophouse.com, Mo.–Do. 12–21.30 Uhr, Fr./Sa. 12–22 Uhr, So. 12–20.30 Uhr. Der gemütliche Gastropub von 1870 bietet traditionelle britische Küche auf hohem Niveau. Schönes Dekor mit grünen Wandkacheln und Zeichnungen aus dem 19. Jahrhundert, außerdem Fotoausstellungen. Bei schönem Wetter lässt es sich gut draußen neben der St-Ann's-Kirche essen.

18 [F3] **North Star Piccadilly** £, 77 Dale Street, M12HG, Tel. 2379619, www.northstardeli.com, Mo.–Fr. 8–17 und Sa. 10–16 Uhr. In dem freundlichen Café gleich um die Ecke vom Bahnhof Piccadilly gibt es günstige hausgemachte Speisen wie Paninis, Suppen,

Salate, Kuchen und dazu guten Kaffee. Viel Wert wird auf regionale Produkte und gesunde Zutaten gelegt. WLAN-Hotspot.

20 [E2] **Soup Kitchen** £, 31–33 Spear Street, Northern Quarter, M11DF, Tel. 2365100, www.soup-kitchen.co.uk, So.–Mi. 12–23 Uhr, Do. 12–1 Uhr, Fr./Sa. 12–4 Uhr. Abends verwandelt sich die Soup Kitchen in einen trendigen Klub, tagsüber erinnert sie mit ihren langen Holzbänken eher an eine Schulkantine, wo man günstig satt wird. Besonders lecker ist die Variante „Ale, Onion and Cheddar" (Bier-Zwiebel-Käsesuppe), zu der man so viel Brot bekommt, wie man will. Außerdem stehen Sandwiches, Salate und karibische Gerichte wie Jerk Chicken auf der Karte. WLAN-Hotspot.

22 [C3] **The Lounge at the Manchester House** £££, Tower 12, 18–22 Bridge Street, Spinningfields, M33BZ, Tel. 8352557, www.manchesterhouse.uk.com, Di.–Sa. ab 12 Uhr. Das Manchester House gehört zu den angesagtesten Restaurants der Stadt. Chefkoch Aidan Byrne, der jüngste Koch, der je mit einem Michelin-Stern ausgezeichnet wurde, begeistert mit seinen ausgefallenen Kreationen. Während das eigentliche Restaurant meist lange im Voraus ausgebucht ist, kommt man in die weniger formelle Lounge im 12. Stock oft auch ohne Reservierung hinein.

23 [E2] **The Northern Quarter Restaurant** £££, 108 High Street, M41HQ, Tel. 8327115, www.tnq.co.uk, geöffnet: Mo.–Sa. 12–23 Uhr, So. 12–19 Uhr. Stilvolles, aber sehr nettes und entspanntes Restaurant, bei dem Wert auf gute einheimische Produkte gelegt wird. Im Sommer lässt es sich hervorragend auf der Terrasse unter den schönen Giebeln des alten Fischmarkts speisen. Günstigere Mittagsmenüs. WLAN-Hotspot.

◁ Entspannt und freundlich: die Tapas-Bar San Juan (s. S. 73) im Vorort Chorlton

24 [C3] **The Oast House** ££, The Avenue Courtyard, Spinningfields, M33AY, www.theoasthouse.uk.com, So.–Mi. 12–24 Uhr, Do. 12–1 Uhr, Fr./Sa. 12–2 Uhr. Mitten im hypermodernen Spinningfields steht dieser Nachbau eines alten Malzhauses. Das Innere ist genauso rustikal wie der Bau selbst: Das Essen wird in Holzschalen auf urigen Tischen serviert. Die Hanging Kebabs sind in ganz Manchester bekannt. Sie werden an einem Ständer hängend serviert, von wo aus die würzige Soße in eine Schale mit Pommes tropft.

Vegetarische Restaurants

25 [D3] **Bistro 1847** ££, Chapel Walks, M21HN, Tel. 8328994, Mo.–Do. 12–14.30 und 17–19, Fr. 12–14.30 und 17–22, Sa. 12–22, So. 12–21 Uhr. Innovative vegetarische und vegane Gerichte, die selbst eingefleischte Steak-Liebhaber begeistern werden. Empfehlenswert: die veganen Fish'n'Chips mit Halloumi anstatt Fisch. Der Name des Bistros erinnert an das Jahr, in dem die Vegetarian Society in Manchester gegründet wurde.

26 [E2] **Earth Café** £, 16–20 Turner Street, Northern Quarter, M41DZ, Tel. 8341996, www.earthcafe.co.uk, geöffnet: Mo.–Fr. 10–16 Uhr, Sa. 10–17 Uhr. Im Keller des freundlichen Buddhist Centre werden leckere vegane Gerichte aus Bio- und wann immer möglich auch Fair-Trade-Produkten serviert. WLAN-Hotspot.

27 [E2] **V Rev Vegan Diner,** 20–26 Edge Street, Northern Quarter, M41HN, Tel. 8393883, www.vrevmcr.co.uk, tägl. 11–23 Uhr (Küche schließt um 21 Uhr). Das Dekor sieht aus wie ein American Diner, die Burger und Hot Dogs wie ungesundes Junk Food, aber alles ist vegan.

Das Comeback der Teestuben

Vor nicht allzu langer Zeit waren Teestuben die Domäne von älteren Ladys mit Veilchen-Parfüm und Miss-Marple-Look, aber heute springen gerade in Szenevierteln wie dem Northern Quarter kitschige Tearooms wie Pilze aus dem Boden. Wer etwas auf sich hält, trifft sich nicht zum Lunch oder Dinner, sondern zum luxuriösen Afternoon Tea mit „scones" und Champagner.

Die Tradition des Afternoon Tea soll auf Anna, die 7. Herzogin von Bedford, zurückgehen, die die lange Zeit zwischen Mittagessen und Abendbrot nur schwer zu überbrücken verstand. Immer wieder klagte sie elendig über das flaue Gefühl, welches sie jeden Nachmittag heimsuchte und ihr schwer zu schaffen machte. Ihre Lösung: Eine Tasse Tee und ein paar delikate Sandwiches und kleine Kuchen genau zu der Zeit, wenn der Körper am lautesten nach ein wenig Zucker und Koffein verlangt – gegen vier Uhr nachmittags. Erst nahm die Herzogin ihren Afternoon Tea heimlich und privat in ihren Gemächern ein, dann lud sie Freunde dazu ein, die diesen neuen Trend sehr schick fanden. Bevor man sich versah, war der Nachmittagstee zu einer unumgänglichen Gewohnheit für die Oberschicht geworden.

In einer Arbeiterstadt wie Manchester hatte man nie viel mit solchen Upper-Class-Gewohnheiten am Hut. „Tea" war der Name für das Abendbrot, das nach einem harten Arbeitstag eher deftig ausfallen durfte, und mit „Tea" bezeichnen die meisten Mancunians noch immer ihre Hauptmahlzeit. Doch dank der Retrowelle der 1990er-Jahre und einer Rückbesinnung auf alte englische Traditionen wurde der Afternoon Tea plötzlich auch für Jüngere zur Krönung des Glücks. Heute servieren selbst die kleinsten Cafés und viele Hotelbars diese so englische Version von „Kaffee und Kuchen", angefangen beim zarten Lachssandwich über süße, dick mit Butter beschmierte „scones" bis zu Erdbeeren mit Sahne, die auf üppigen, mehrstöckigen Kuchenständern präsentiert und zusammen mit einer Flasche Champagner genossen werden.

Der Afternoon Tea ist keine günstige Angelegenheit. Pro Person kostet der Luxus-Tee meist um die 20 £, mit Champagner sogar 25 £ und aufwärts. Aber wer sich einmal so richtig auf die feine englische Art verwöhnen lassen will, kann nach den Kuchen-

011ma Abb.: ar

bergen anschließend das Abendessen ausfallen lassen. Etwas bescheidener fällt der „Cream Tea" aus, wo zum Tee „scones", Marmelade und „clotted cream", eine Art klumpiger, dicker Rahm, serviert werden. In den meisten Teestuben und Hotels wird der Afternoon Tea zwischen zwei und fünf Uhr serviert.

*29 [B4] **Great John Street Hotel,** Great John Street, M34FD, Tel. 8313211, www.eclectichotels.co.uk/great-john-street. Dekadent und luxuriös: In dem üppigen Speisesaal des Hotels wird entweder Ladies oder Gentleman Jacks Afternoon Tea serviert, Letztere mit Mini-Burgern und Fish'n'Chips-Spießchen anstatt von Kuchen.*

› ***The Lounge at the Manchester House*** *(s. S. 71). In dem Restaurant von Aidan Byrne isst man elegant arrangierte Sandwiches und „scones" mit Panoramablick über die Stadt.*

› ***Richmond Tea Rooms*** *(s. S. 76). Wie bei Alice im Wunderland sieht es in dieser verspielten Teestube aus, wo man auch wie im Schlaraffenland schlemmen kann.*

› ***Sugar Junction*** *(s. S. 76). Spitzendeckchen, Blümchenteekannen, exquisites Fingerfood: In dem trendigen Retrocafé kann man Tee trinken wie die Queen.*

› ***Yan Sing*** *(s. S. 75). Afternoon Tea der anderen Art – anstatt „scones" und Marmelade werden hier zum üppigen Tee Wasserkastanientorte, Garnelenknödel und Frühlingsrollen serviert.*

◁ Wie bei Alice im Wunderland: Teatime in den Richmond Tea Rooms

Internationale Küche

28 [C3] **Australasia** ££-£££, 1 The Avenue, Spinningfields (Eingang durch die Glaspyramide neben der John-Rylands-Bibliothek), M33AP, Tel. 8310288, www.australasia.com, tägl. 12–22.45 Uhr. In dem eleganten, unterirdischen Restaurant (Australien wird im Englischen oft als „down under" bezeichnet) werden Gerichte aus dem pazifischen Raum aufgetischt, die oft von der japanischen Küche beeinflusst sind. Schön ist, dass man ähnlich wie in einer Tapas-Bar viele kleine Speisen bestellen und dann untereinander teilen kann. Besonders die Fischgerichte wie der *Squid* (Tintenfisch) sind sehr empfehlenswert. WLAN-Hotspot.

30 **Bar San Juan** £, 56 Beech Road, Chorlton, M219EG, Di.–Do. 12–23.30 Uhr, Fr./Sa. 12–24 Uhr. In der süßen, kleinen Tapas-Bar im Vorort Chorlton wird authentische spanische Küche aufgetischt. In den Sommermonaten kann man draußen in der hübschen Beech Road speisen.

31 [C3] **Côte Brasserie** £, 4–12 St Mary's Street, M32LB, Tel. 8340945, www.cote.co.uk, Mo.–Fr. 8–23 Uhr, Sa. 9–23 Uhr, So. 9–22.30 Uhr. Die günstige Brasserie nicht weit von der Kathedrale serviert solide französische Küche. Empfehlenswert ist das Mittagsmenü, das man Mo. bis Fr. bis 19 Uhr bekommt. WLAN-Hotspot.

32 [C4] **Dimitri's** ££, Campfield Arcade, Deansgate, Castlefield, M34FN, Tel. 8393319, www.dimitris.co.uk, So.–Do. 11–24 Uhr, Fr./Sa. 11–2 Uhr. Das griechische Restaurant begeistert die Bewohner Manchesters schon seit über zwei Jahrzehnten mit seinen Meze und anderen traditionellen Gerichten. In dem überdachten Garten sitzt es sich selbst bei Regen gut.

33 [C3] **El Gato Negro** ££, 52 King Street, M24LY, Tel. 6948585, www.

EXTRATIPPS

Dinner for One

Wer allein unterwegs ist, findet in Manchester viele entspannte Plätze, wo das Essen auch ohne Begleitung zum Genuss wird. Gut aufgehoben fühlt man sich in traditionellen Pubs, wo meist gutes, solides Essen serviert wird, und in den vielen Cafés und Teestuben, in denen neben Kuchen auch immer Sandwiches und einfache Hauptspeisen auf der Karte stehen.

› **Home Sweet Home** (s. S. 70). Diesem heimeligen Bistro kann man auch gut allein einen Besuch abstatten.
› **The Marble Arch** (s. S. 80). In der freundlichen Atmosphäre dieses Traditionspubs fühlt man sich gut aufgehoben.
› **Propertea** (s. S. 76). Gutes Essen und eine lockere, freundliche Atmosphäre: Hier fühlt man sich auch als Solo-Reisender wohl.

Lokale mit guter Aussicht

Wer nach einem Restaurant mit schönem Blick sucht, ist in diesen Lokalen besonders gut aufgehoben:

› **Cloud 23** (s. S. 81). Von der 23. Etage des Beetham Tower bietet sich eine imposante Aussicht nicht nur über Manchester, sondern an klaren Tagen bis nach Liverpool, zu den Bergen von Wales und zum Peak District. Am atemberaubendsten ist der Blick zur Nordseite, von wo aus man direkt auf die unter einem liegende Innenstadt schaut.
› **The Lounge at the Manchester House** (s. S. 71). Die Lounge im 10. Stock des Tower 12 mag nur halb so hoch gelegen sein wie Cloud 23, der Panoramablick ist aber ähnlich beeindruckend – und weniger schwindelerregend.
› **The Northern Quarter Restaurant** (s. S. 71). Durch die großen Fenster dieses Restaurants blickt man auf die schönen Bögen des ehemaligen Marktes von Smithfield und das Kopfsteinpflaster der High Street.
› **The Wharf** (s. S. 80). Die sonnige Terrasse des Wharf-Pubs bietet einen schönen Blick auf die Kanäle, Hausboote und Brücken von Castlefield.

Für den späten Hunger

In Großbritannien wird recht früh gegessen und die meisten Restaurants schließen um 22 Uhr. Wer später noch Hunger hat, sollte sich zur **Curry Mile** 26 südlich der Innenstadt begeben, wo viele asiatische Restaurants und Take-aways wie das **Mughli** (s. S. 74) bis in die frühen Morgenstunden geöffnet bleiben. Auch das **Black Dog NWS** (s. S. 81) serviert bis mindestens 1 Uhr gutes Essen.

elgatonegrotapas.com, Mo. 17–22, Di.–Do. 12–15 und 17–22, Fr./Sa. 12–15 und 17–23, So. 12–15 und 17–21.30 Uhr. Authentische, mit viel Liebe zubereitete Tapas in einem schön dekorierten Gebäude.

34 [D3] **Jamie's Italian** ££, 100 King Street, M24WU, Tel. 2413901, www.jamieoliver.com/italian/manchester, Mo.–Do. 12–22.30, Fr./Sa. 12–23, So. 12–22 Uhr. In dem schönen Art-déco-Gebäude verzehrt man in lockerer Atmosphäre gute italienische Gerichte. Von der Einrichtung bis zum Essen trägt alles die unverwechselbare Note des TV-Kochs Jamie Oliver.

35 [dj] **Mughli** £, 30 Wilmslow Road, Curry Mile, M145TQ, Tel. 2480900, www.mughli.com/manchester, Mo.–Fr. ab 17 Uhr, Sa. ab 15 Uhr, So. ab 13 Uhr. Die Mughlai-Küche stammt von den kaiserlichen Höfen Nordindiens und wärmt einen mit seinen würzigen Lamm- und Hähnchenspeisen auch nach den schlimmsten Regenschauern schnell wieder auf. Zu den köstlichen Hauptspeisen sollte man unbedingt ein Peter's Bread (Naanbrot mit Koriander, Knoblauchöl und Chili-Flocken) bestellen und alles mit einem Glas Mango Lassi herunterspülen.

36 [ai] **Prezzo** ££, Orange Building, Media CityUK, Salford Quays, M502HF, Tel. 7133742, www.prezzorestaurants.co.uk, Mo.-Sa. 12-23 Uhr, So. 12-22.30 Uhr. Das lichte, moderne Restaurant bietet gute italienische Küche zu günstigen Preisen. Besonders für Kinder ist das Restaurant gut geeignet: Für sie gibt es verschiedene Menüs je nach Altersstufe. Das Restaurant liegt mitten in der MediaCity und ist ein Favorit bei Besuchern des nahen Lowry-Kulturzentrums. WLAN-Hotspot.

37 [D2] **Salvi's Mozzarella Bar** ££, The Corn Exchange, M43TR, Tel. 2228021, www.salvismanchester.co.uk, Mo.-Sa. 10-23, So. 11-22 Uhr. In diesem italienischen Restaurant in der ehemaligen Getreidebörse Manchesters serviert Inhaber Maurizio Cecco authentische Gerichte aus Neapel. Neben den beliebten Mozzarellatellern, für die der Käse zweimal pro Woche aus Italien eingeflogen wird, gibt es Pasta- und Pizzagerichte. Im Sommer kann man auf der sonnigen Terrasse sitzen.

38 [D4] **Yang Sing** ££, 34 Princess Street, Chinatown, M14JY, Tel. 2362200, www.yang-sing.com, Mo.-Fr. 12-23.30, Sa. 12-24 Uhr, So. 12-22.30 Uhr. Schon seit drei Generationen kocht die Familie Yeung in diesem Restaurant im Herzen von Chinatown hochwertige kantonesische Gerichte. Einen besonders guten Ruf haben die Dim Sum. Das Dekor erinnert an das Shanghai der 1930er-Jahre.

100ma Abb.: ar

⊡ *Bei Teacup (s. S. 76) steht selbstverständlich Tee im Vordergrund*

Imbisse

39 [B5] **The Fish Hut** £, 27 Liverpool Road, Castlefield, M34NW, tägl. 11-15 und 17-22 Uhr. Fish'n'Chips bester Qualität, die man entweder im attraktiven, hellen Obergeschoss essen oder in den freundlichen Pub The Cask nebenan mitnehmen kann. Wer es den Einheimischen nachmachen will, bestellt dazu *mushy peas and gravy* (Erbsenpüree und Bratensoße).

40 [E2] **This & That** £, 3 Soap Street, Northern Quarter, www.thisandthatcafe.co.uk, Mo.-Do. 11.30-16.30 Uhr, Fr./Sa. 11.30-20 Uhr, So. 11.30-16 Uhr. Das Dekor dieses indischen Bistros, das in einer schmalen Seitengasse versteckt liegt, mag an eine Schulkantine erinnern, aber das Essen ist ausgezeichnet. Für rund 5 £ bekommt man Reis und drei verschiedene authentische Currygerichte.

Cafés und Teestuben

41 [D2] **Propertea at Manchester Cathedral,** 10 Cateaton Street, M31SQ, www.properteadeveloper.com, So.-Fr. 10-17, Sa. 10-19 Uhr. Hier kommen Teeliebhaber so richtig auf ihre Kosten: exotische Teesorten aus aller Welt mit schönem Blick auf die Kathedrale. Neben Kuchen werden auch Sandwiches und gute Hauptgerichte angeboten. WLAN-Hotspot.

42 [E4] **Richmond Tea Rooms,** Richmond Street, Gay Village, M13HZ, www.richmondtearooms.com, Mo.-Do. 11-21, Fr. 11-22, Sa. 10-22, So. 10-21.30 Uhr. Wenn man die Treppen zu dieser Teestube hochgeht, kommt es einem vor, als sei man wie Alice im Wunderland plötzlich in eine Fantasiewelt geraten. Das Dekor ist üppig und verspielt und ähnelt den Filmkulissen des Regisseurs Tim Burton. An die Teestube schließt sich eine ebenso exzentrische Cocktail-Lounge an.

43 [E2] **Sugar Junction,** 60 Tib Street, Northern Quarter, M41LG, www.sugarjunction.co.uk, WLAN, So.-Mi. 9-18, Do.-Sa. 9-20 Uhr. In dem süßen Retrocafé werden Tee und Kuchen auf altmodischem Blümchengeschirr serviert. WLAN-Hotspot.

44 [F3] **Takk Coffee House,** 6 Tariff Street, Northern Quarter, M12FF, www.takkmcr.com, Mo.-Fr. 8.30-17 Uhr, Sa. 10-18 Uhr, So. 11-17 Uhr. Besonders der Kaffee in diesem entspannten isländischen Café ist hervorragend. Wem das englische Frühstück zu kalorienreich ist, der findet hier gesunde Alternativen wie Müsli und Obstsalate mit Granola. WLAN-Hotspot.

45 [E2] **Teacup,** 55 Thomas Street, Northern Quarter, M41NA, www.teacupandcakes.com, Mo.-Sa. 9-18 Uhr, Sa./So. 9-19 Uhr. In dem erdbeerrot gestrichenen Teacup wird die richtige Zubereitung des Tees ernstgenommen: Zu jeder Tasse erhält man eine Sanduhr, um die beste Ziehzeit zu gewährleisten. Neben Tee gibt es Kuchen, Sandwiches, Suppen, Pasteten und Alkoholisches. WLAN-Hotspot.

544ma Abb.: ar

Manchester am Abend

Das Nachtleben Manchesters ist legendär. „Es gibt hier eine wahnsinnige Liebe für Fußball, fürs Feiern und für Musik", beschrieb der frühere Manchester-United-Star Eric Cantona die Stadt einmal. Nicht nur aus London, sondern aus der ganzen Welt reisen Nachtschwärmer nach Manchester, um in Klubs wie dem Warehouse Project bis in die frühen Morgenstunden zu tanzen. Aber auch wer lieber ein paar neue Bands entdecken will, sich einfach einen gemütlichen Abend im Pub machen oder ins Theater gehen möchte, wird es in Manchester nicht langweilig.

Das Nachtleben konzentriert sich nicht nur auf einen bestimmten Bezirk oder Stadtteil. Auch in den Außenbezirken gibt es noch etliche Pubs und Bars für jede Geschmacksrichtung. In den letzten Jahren hat sich dabei der Trend durchgesetzt, dass viele Bars und Veranstaltungsräume **mehrere Funktionen vereinen:** Sie sind Bar, Ausstellungsraum, Restaurant, Klub und Livemusik-Bühne in einem. Auch viele der vornehmeren Restaurants haben dieses Konzept übernommen und verwandeln sich nach 22 Uhr in laute Klubs. Besonders bunt und lebendig geht es im Boheme-Viertel **Northern Quarter** zu, wo an Wochenenden die feiernden Mengen von Bar zu Bar ziehen und viele Pubs Livemusik anbieten. Noch ausgelassener feiert man im **Gay Village,** dessen Kneipen dank ihrer langen Öffnungszeiten Partypeople aller Art anlocken, ganz unabhängig von ihrer sexuellen Orientierung.

◁ Bei Propertea gibt es neben vielen Teespezialitäten auch kleine Gerichte

Mehr Mainstream bieten die Bars in **Deansgate,** besonders an den Deansgate Locks Richtung Castlefield, und im Unterhaltungskomplex **The Printworks,** wo viele Pubs und Klubs mit Happy Hours und günstigen Cocktails um Kundschaft werben. The Printworks allein beherbergt 35 verschiedene Bars, doch gehören sie fast ausschließlich zu landesweiten Ketten und ähneln sich zum großen Teil sehr. Ein Besuch lohnt sich trotzdem, um die ausufernde Party-Atmosphäre an Wochenenden mitzuerleben.

In den schicken Bars des brandneuen Business-Viertels **Spinningfields** lassen sich gern Fußballspieler und Fimstars sehen und hier achten die Türsteher darauf, dass der Kleidungsstil zum Ambiente passt. Weiter südlich um die **Oxford Road** herum finden sich Bars und Klubs, die gern von Studenten und Professoren der nahen Universität frequentiert werden. Auch in dem hauptsächlich von Studenten bewohnten Vorort **Fallowfield** sind viele Bars bis in die frühen Morgenstunden offen.

Ein großer Teil des Nachtlebens in England findet weiterhin in den Public Houses, kurz **Pubs** genannt, statt. Pubs sind weit mehr als nur Orte für ein schnelles Bier. Hier tauscht man Nachrichten aus, erfährt den neusten Klatsch, liest die Zeitung, spielt Pool oder Darts und schaut gemeinsam Sportereignisse im Fernsehen an. Viele Pubs bieten zudem Livemusik, Theatervorstellungen oder Lesungen, in anderen trifft sich der örtliche Strickklub oder der Heimatverein. Sie sind Gemeinschaftsräume, wo sich Jung und Alt gleichermaßen wohl fühlen und wo man am Tresen auch schnell mit Fremden ins Gespräch kommt.

014ma Abb.: mm

Aufgrund steigender Alkoholpreise und wegen des Rauchverbots hat in den letzten Jahren eine erschreckend große Zahl an Pubs zugemacht. „Mit jedem Pub, der geschlossen wird, stirbt ein wenig von Englands Seele“, ist ein Satz, den man immer wieder hört. In Manchester hat sich jedoch eine große Auswahl an traditionellen, historischen Pubs halten können, deren Dekor sich seit Ende des 19. Jahrhunderts nicht viel verändert zu haben scheint und deren Besuch ganz oben auf jeder Besucherliste stehen sollte.

Bestellen muss man im Pub immer am Tresen, und zwar meist in „Rounds“: Man lädt sich also abwechselnd zum Bier ein, und zwar entweder zum **Pint** (ausgesprochen „Paint“) oder zum **Half**, einem halben Pint. Danach nennt man die gewünschte Getränkesorte. In Großbritannien unterscheidet man zwischen Lager und Ale: **Lager** entspricht in vieler Hinsicht dem Pils: Es handelt sich also um ein helles, untergäriges Bier mit hohem Hopfengehalt. Die in Großbritannien beliebteste Variante ist das Carling, doch in vielen Pubs werden auch deutsche Marken wie Warsteiner und Krombacher angeboten. **Ale** ist im Gegensatz dazu obergärig und wird in Hunderten von Geschmacksvariationen gebraut und meist wärmer als im restlichen Europa serviert. Zwei Ale-Sorten sind die dunklen **Stouts** wie Guinness oder Murphy's und die hellen **Bitter** mit niedrigem Alkoholgehalt. Die bekanntesten Lokalbrauereien, deren Biere in vielen Pubs Manchesters ausgeschenkt werden, sind Hydes und Robinsons. In den letzten Jahren gab es außerdem eine regelrechte Schwemme an sogenannten **Craft-Beer-Produzenten,**

Manchesters Nachtleben ist legendär: Party im Warehouse Project (s. S. 85)

die ihren Gerstensaft unabhängig von großen Konzernen auf traditionelle Weise brauen. Dazu gehört zum Beispiel die Brauerei Marble Beers, deren Ales man z. B. im The Marble Arch (s. S. 80) probieren kann. Wer es lieber süß mag, wird vielleicht Geschmack am **Cider**, einem alkoholreichen Apfelwein, oder dessen Birnenvariante, dem Pear Cider, finden.

Bis 2005 durften Pubs nur bis 23 Uhr Alkohol ausschenken und zehn Minuten vor den *last orders* bildeten sich dann am Tresen lange Schlangen. Die Lizenzgesetze wurden aber seitdem gelockert und die meisten Pubs in der Innenstadt bleiben am Wochenende bis 1 Uhr nachts offen.

Pubs

46 [C4] **Alberts Schloss,** 27 Peter Street, M25QR, www.albertsschloss.co.uk, Mo.-Fr. 8-2, Fr./Sa. 9.30-2 Uhr. Manchesters „Deutscher Bierpalast“, in dem man zum Pils natürlich auch Currywurst oder Flammkuchen essen kann, ist schnell zu einer der beliebtesten Szenekneipen der Stadt avanciert. Jeden Do. gibt es Livemusik. WLAN-Hotspot.

47 [B2] **King's Arms,** 11 Bloom Street, M36AN, www.kingsarmssalford.com. Ein künstlerisch angehauchter Pub, der den kleinen Abstecher nach Salford mehr als wert macht. Seit 2011 gehört er Paul Heaton, dem früheren Sänger der Housemartins, und neben Theatervorstellungen und Gedichtabenden gibt es oft auch Livemusik. Außerdem ist der Pub Treffpunkt für Gruppen wie die King's Knitters (ein Strickverein) oder die Friendly Anglers (ein Angelverein). Neben dem gemütlichen Inneren gibt es auch einen schönen Biergarten und zwischen 17 und 20 Uhr wird Essen serviert. WLAN.

48 [D2] **Old Wellington Inn/Sinclair's Oyster Bar,** 4/2 Cathedral Gates, M31SW. Die zwei aneinandergrenzenden Pubs haben im wahrsten Sinne des Wortes eine bewegte Geschichte hinter sich: Während der Old Wellington Inn auf den Beginn des 16. Jahrhunderts zurückgeht, ist Sinclairs etwas 200 Jahre jünger, aber in den letzten 50 Jahren wurden beide gemeinsam gleich zweimal an eine neue Stelle versetzt. Zum ersten Mal in den 1970er-Jahren, um Platz für das Arndale Centre zu machen, dann ein zweites Mal 1996, weil die beiden durch eine Bombe der IRA stark beschädigt und 300 m weiter in Richtung der Kathedrale wieder aufgebaut wurden. Heute verbindet beide Pubs eine große Terrasse, die im Sommer meist rammelvoll ist.

49 [C5] **The Briton's Protection,** 50 Great Bridgewater Street, M15LE. Der historische Pub mit freundlichem Ambiente ist über 200 Jahre alt. Im Labyrinth ähnlichen Inneren finden sich viele gemütliche Nischen, in denen man über 150 Whiskey- und Bourbon-Sorten probieren kann. Bei warmem Wetter lässt es sich gut im Biergarten sitzen.

EXTRAINFO

Smoker's Guide

In Großbritannien gilt ausnahmslos ein **allgemeines Rauchverbot,** das streng eingehalten wird. Das Rauchen ist in allen öffentlichen Einrichtungen und an Arbeitsplätzen verboten, was auch Hotels und Bahnhöfe einschließt. Auch in Autos darf nicht mehr geraucht werden, wenn ein Kind mitfährt. Es gibt keine Lokale oder Restaurants in Manchester, in denen das Rauchen erlaubt ist – nur in privaten Räumen und draußen darf gequalmt werden. Die meisten gastronomischen Einrichtungen haben Außenbereiche für Raucher eingerichtet, die während der kälteren Jahreszeit oft mit Heizstrahlern gewärmt werden.

Ⓞ50 [F2] **The Castle Hotel,** 66 Oldham Street, M41LE, www.thecastlehotel.info. Das Castle Hotel aus dem Jahr 1776 mit originalem Mosaik-Boden und viktorianischen Kachelwänden ist besonders bei Musikfans beliebt. Der Pub hat nicht nur einen guten Ruf für Livemusik, sondern rühmt sich auch, die beste Jukebox der Stadt zu haben (ein Anspruch, den allerdings auch einige andere Kneipen der Stadt erheben). WLAN.

Ⓞ51 [F1] **The Marble Arch,** 73 Rochdale Road, www.marblebeers.com. Etwa zehn Minuten nördlich der Innenstadt befindet sich dieser atmosphärische Pub, an den eine eigene Brauerei angeschlossen ist. Einmal versuchen sollte man auf jeden Fall das Bier mit dem lakonischen Namen „Pint", das „Manchester Bitter" und eine der leckeren Käseplatten (vier Käsesorten mit Brot für rund 7 £). Zur selben Brauerei gehören außerdem die kleine Bar 57 Thomas Street an der gleichnamigen Adresse im Northern Quarter, und das gemütliche Beerhouse in Chorlton (57 Manchester Road, M219PW).

Ⓞ52 [D5] **The Peveril of the Peak,** 127 Great Bridgewater Street, M15JQ. Der grün gekachelte Pub nicht weit vom Oxford-Road-Bahnhof wirkt wie ein Relikt aus der Zeit Königin Victorias. Der Peveril zieht ein gemischtes Publikum an, von Studenten über Theaterbesucher bis zum einen oder anderen Fußballstar.

Ⓞ53 [B5] **The Wharf,** 6 Slate Wharf, Castlefield, M154ST, www.brunningand price.co.uk/thewharf. Die große Terrasse bietet einen schönen Blick auf die Kanäle, Hausboote und Hängeweiden von Castlefield, während man sich im Inneren zwischen Bücherregalen, Kaminecken und gemütlichen Ledersofas wohlfühlen kann. Das Essen ist mit Hauptgerichten um die 12 £ für Pub Food recht teuer, besticht aber durch gute Qualität. Im Sommer werden außerdem auf der Terrasse günstige BBQ-Gerichte gekocht.

Ⓞ54 [B4] **The White Lion,** 43 Liverpool Road, Castlefield, M34NQ. Der altmodische Pub geht auf das Jahr 1778 zurück und wird angeblich von dem einen oder anderen Gespenst aufgesucht. Inhaberin Rose Wong kocht günstiges chinesisches Essen. Schön ist die Terrasse, von wo man auf die Ruinen des römischen Manchesters schaut.

013ma Abb.: ar

Bars

55 [D5] **Black Dog NWS,** 11–13 New Wakefield Street (nahe Bahnhof Oxford Road), M15NP, www.blackdogballroom.co.uk/nws, tägl. 10–4 Uhr. Die kultige Bar bietet neben Getränken auch bis in die Morgenstunden gutes Essen und Unterhaltung: Klubnächte im Keller, Pool-Tische und eine Dachterrasse, wo leckere „New York Style Burgers" serviert werden. Es gibt noch zwei weitere Black-Dog-Bars: die Dog Bowl um die Ecke in der Whitworth Street, die eine Bowling-Bahn besitzt, und den Black Dog Ballroom im Northern Quarter. WLAN.

› **Cloud 23,** Beetham Tower **17** (Eingang durch das Hilton Hotel), 303 Deansgate, M34LQ, www.cloud23bar.com, Mo.–Do. 11–1 Uhr, Fr./Sa. 11–2 Uhr, So. 11–1 Uhr. Die Getränke sind recht teuer, aber der atemberaubende Blick vom 23. Stock des Beetham Tower ist es wert. Während man Wochenendbesuche mind. zwei Monate im Voraus buchen muss, kommt man werktags meist auch so hinein. WLAN.

56 [C4] **Epernay Champagne Bar,** Unit 1a, Great Northern Tower, Watson Street, M34EE, www.epernaymanchester.co.uk, Mo.–Do. 16–1.30, Fr./Sa. 12–2.30, So. 12–0.30 Uhr. Elegant, aber dabei doch freundlich und gelassen geht es in dieser Champagner- und Cocktail-Bar zu. Neben einer großen Auswahl an Getränken gibt es gute Käseplatten und Snacks.

The Briton's Protection (s. S. 79): Hier trifft man sich schon seit 200 Jahren auf ein Pint

57 [F3] **Kosmonaut,** 10 Tariff Street, Northern Quarter, M12FF, www.kosmonaut.co, So.–Mi. 12–24 Uhr, Do.–So. 12–2 Uhr. Rote Backsteinwände, gemütliche Ledersofas, Kunst an der Wand und im Keller Ping-Pong-Tische: Die trendige, aber sehr freundliche Bar erinnert an New York. Abends legen DJs auf. WLAN.

59 [C3] **The Liars Club,** 19a Back Brick Street, Spinningfields, M32PB, www.theliarsclub.co.uk, Mo.–Sa. 17–4 Uhr, So. 17–3 Uhr. Wenn man die Treppe zu diesem Tiki-Klub hinuntergeht, kommt es einem vor, als sei man in Hawaii gelandet: Fröhliche Farben, Afro-Beats und tropische Cocktails geben den Ton an. Der Klub hat unter der Woche eine der längsten Öffnungszeiten in der Stadt, sodass hier viele Kellner enden, sobald ihre eigene Schicht vorbei ist.

60 [E6] **The Sandbar,** 120 Grosvenor Street, off Oxford Road, M17HL, www.sandbarmanchester.co.uk, So.–Mi. 12–24 Uhr, Do. 12–1 Uhr, Fr./Sa. 12–2 Uhr. Die Sand Bar ist besonders bei Studenten und Professoren der nahen Universität beliebt. Neben Quiz Nights gibt es hier auch regelmäßig Klassen für Aktzeichnen. Von 12 bis 21 Uhr günstiges Essen von Pizza bis Paella. WLAN.

61 [D5] **The Temple,** 100 Great Bridgewater Street, M15JW. Die winzige, atmosphärische Kellerbar ist in einer ehemaligen öffentlichen Toilette untergebracht und besonders bei Studenten sehr beliebt. Guy Garvey, Sänger der Manchester-Band Elbow, scheint praktisch am Tresen zu wohnen. Kaum ein Abend vergeht, an dem er nicht kurz auf ein Bier hereinschaut.

62 [E3] **Twenty Twenty Two,** The Basement, Little Lever Street, M11EZ, www.twentytwentytwo.co.uk, Mo.–Do. 16–24, Fr. 16–4, Sa. 13–4, So. 13–22 Uhr. Die versteckt in einer Nebenstraße gelegene Kellerbar agiert gleichzeitig als Kunstgalerie, Ping Pong Bar und Nachtklub.

101ma Abb.: ar

EXTRATIPP

Ping Pong Bars

Früher spielte man im Pub entweder Pool oder Darts. Der neuste Trend: Tischtennis. Der „Ping Pong Craze" hat Manchester völlig im Griff. Besonders schön spielt es sich in den Bars Twenty Twenty Two (s. S. 81) und im Kosmonaut (s. S. 81).

Livemusik

63 [F2] **Band on the Wall,** 25 Swan Street, Ancoats, M45JZ, www.bandonthewall.org. Hier spielten legendäre Bands wie Oasis, Joy Division und die Buzzcocks, bevor sie berühmt wurden, heute hört man hier alles von Pop und Rock über Jazz bis Folk. An den meisten Abenden finden entweder Konzerte oder Klubnächte statt. Eintritt ab 10 £.

64 [E2] **Matt & Phreds,** 64 Tib Street, Northern Quarter, M41LW, www.mattandphreds.com, Mo.–Sa. ab 18 Uhr, Mo.–Do. Eintritt meist frei, Fr./Sa. 5 £. In Manchesters ältestem Jazzklub fühlt man sich in die 1920er-Jahre zurückversetzt: Gäste in Vintage-Hüten, üppige rote Samtvorhänge und dazu allabendlich Konzerte von renommierten Musikern. Wer mag, kann dazu hausgemachte Pizza essen.

65 [E2] **Night & Day Cafe,** 26 Oldham Street, M11JN, www.nightnday.org. Tagsüber ein gemütliches Café, das sich abends in eine Livemusikbar verwandelt. Es gibt kaum eine Band aus Manchester, die hier nicht schon einmal

Stag und Hen Party – schriller Junggesellenabschied

Wer an einem Wochenende durch Manchester läuft, wird ohne Frage auf sie stoßen: Gruppen von Männern, die als Scheich oder Tarzan verkleidet von Bar zu Bar ziehen, oder ganze Verbände von Frauen im ähnlichen Outfit, möglichst schrill und auffallend und schon zu früher Uhrzeit recht angeheitert. Es handelt sich um sogenannte „Stag" oder „Hen Parties", Hirsch- bzw. Hennenpartys also, wie man im Vereinigten Königreich den ***Junggesellen- bzw. Junggesellinnenabschied*** *nennt.*

Die „Stag" und „Hen Parties" sind in England ein riesiges Event: Viele zukünftige Ehepaare nehmen die Hilfe einer Agentur in Anspruch, die die Party bis ins kleinste Detail durchorganisiert, während andere Paare gleich ins Ausland reisen, um dort die geringeren Alkoholpreise auszunutzen. Die wilden Feiern werden aber nicht überall gern gesehen.

Das Schwulenviertel Gay Village zum Beispiel ist dank seiner Party-Atmosphäre mittlerweile zu einem beliebten Hen-Party-Ziel geworden, was den ursprünglichen Gästen weniger gefällt. Aber den „Stags" und „Hens" ist das ziemlich egal. Sie feiern fröhlich weiter.

gespielt hat und die Chancen stehen gut, im Night & Day die nächste Indie-Sensation Großbritanniens zu entdecken. WLAN.

66 [C4] **The Albert Hall,** 27 Peter Street, M25QR, www.alberthallmanchester.com. Die ehemalige Methodistenkirche zählt heute zu einer der stimmungsvollsten Konzerthallen der Stadt. Fast jeden Abend treten hier hochklassige Bands aller Musikrichtungen auf. Eintritt ab 15 £. WLAN-Hotspot.

67 [E6] **The Deaf Institute,** 135 Grosvenor Street, M17HE, www.thedeafinstitute.co.uk. Die dekadente, neugotische Musikhalle nahe der Universität ist einer der besten Orte in Manchester, um neue Bands zu entdecken. Neben Konzerten gibt es auch regelmäßige Club Nights. Eintritt ab 6 £, Programm siehe Website. WLAN.

68 [G3] **The Jolly Angler,** 47 Ducie Street, M12JW. Wer es irisch mag, wird sich hier wohlfühlen: Dienstags und samstags gibt es ab 20 Uhr traditionelle Musik mit Flöte und *Fiddle,* oft bis spät in die Nacht hinein. Der Pub liegt gut versteckt in einer Seitenstraße hinter dem Bahnhof Piccadilly und so verirren sich kaum Touristen in diesen altmodischen Pub. Achtung: Bei Heimspielen von Manchester United und Manchester City ist geschlossen.

EXTRATIPP

Alternative Kultur- und Musikzentren

Ein schmuddeliger Hintereingang in einer düsteren Seitenstraße der Curry Mile: Wer könnte ahnen, dass sich hier The Antwerp Mansion, eines der angesagtesten Kulturzentren Manchesters versteckt? 2009 übernahm eine Künstlerinitiative das verfallene Haus, in dem früher das belgische Konsulat untergebracht war, und verwandelte es in ein alternatives Künstlerhaus. Noch immer macht die alte Villa einen schmuddelig-verkommenen Eindruck, aber die Konzerte, Aufführungen und Ausstellungen hier haben alle eines gemeinsam: Sie sind innovativ, frisch und niemals langweilig.

Auch das Kulturzentrum Islington Mill in Salford entstand aus dem Traum, einen neuen Experimentierraum für Künstler zu schaffen. Seit dem Jahr 2000 finden hier hochkarätige Konzerte, avantgardistische Performances und Ausstellungen statt. Weltweit bekannte Bands wie die Ting Tings gaben hier ihr Debüt. Veranstaltungen werden auf den jeweiligen Websites angekündigt.

71 [dj] **Antwerp Mansion,** Rushholme Grove, M145AG, www.antwerpmansion.com

72 [bh] **Islington Mill,** James Street, Salford M35HW, www.islingtonmill.com

Nachtklubs

Über Jahre hinweg galt The Haçienda in Manchester als einer der berühmtesten Nachtklubs der Welt. Von hier aus schwappte die Rave-Welle über ganz Europa und verlieh der Stadt bald den Spitznamen „Mad-chester", „Verrückt-chester" also. Der Klub schloss 1997 wegen Finanzproblemen und wurde anschließend in Luxuswohnungen umgebaut. Aber damit sollte es mit den ausufernden Partys noch längst nicht vorbei sein: Heute kommen Menschen aus ganz Europa in die Stadt, um in Klubs wie dem Warehouse Project die Nacht durchzufeiern und es gibt Pläne, den alten Bahnhof Mayfield Depot gegenüber dem Bahnhof Piccadilly in einen Superklub umzubauen. Ausgelegt für 7500 Feierwütige, wäre er der größte Nachtklub der Welt.

Von den Smiths bis zu Oasis – Popmusik made in Manchester

Liverpool mag die Beatles hervorgebracht haben, aber in England ist man sich einig: Die wirkliche Hauptstadt der Popmusik ist Manchester. Von Mainstream-Bands wie den Bee Gees, Simply Red und Take That über The Smiths und New Order bis zu Oasis und Elbow - die Liste der weltweit erfolgreichen Gruppen der Stadt ist endlos und noch immer wachsend. Ob es an der Do-it-yourself-Einstellung der Bewohner liegt, an der Tatsache, dass die vielen Einwanderer die Stadt zu einem Schmelztiegel der Töne gemacht haben, oder einfach an dem verregneten Wetter: Irgendetwas scheint den Mancunians ins Wasser gegeben zu sein, was sie immer wieder zum Schreiben von perfekten Popsongs animiert.

Eines der wichtigsten Ereignisse für die Musikszene der Stadt war ein Konzert am 4. Juli 1976, als die damals noch völlig unbekannte Punkband The Sex Pistols vor 40 Zuschauern in der Lesser Free Trade Hall auftrat und das Leben aller Anwesenden von Grund auf veränderte: Jeder einzelne der damaligen Zuschauer sollte später selbst berühmt werden. Einer von ihnen war der zukünftige The-Smiths-Sänger Morrissey, der dank seiner poetischen Songtexte, seiner persönlichen Offenheit und seines großen Witzes schnell eine große Fangemeinde fand. 2013 erschienen seine Memoiren bei dem Verlag Penguin Classics, der sich darauf spezialisiert, die großen Klassiker der Weltliteratur zu verlegen. Zum ersten Mal in der Geschichte des Verlags wurde ein noch lebender Autor unter den Klassikern veröffentlicht, und so steht heute Morrisseys Autobiografie gleich neben Werken von D.H. Lawrence und Friedrich Nietzsche - ein Zeichen, welch großes Ansehen er heute in seinem Heimatland genießt.

Ein weiterer Zuschauer des geschichtsträchtigen Konzertes war der TV-Moderator Tony Wilson (1950-2007), der kurz darauf sein eigenes Label Factory Records gründete und so einflussreiche Gruppen wie Joy Division, New Order und die Happy Mondays unter Vertrag nahm. 1982 eröffnete er zusammen mit der Band New Order den Nachtklub The Haçienda, der Manchester zum Epizentrum der elektronischen Tanzmusik und Rave-Kultur werden ließ. Die neue Generation der Manchester-Bands, die unter Tony Wilson heranreiften, hatten alle eines gemeinsam: Sie vereinten den Gitarren-Sound der Punkbewegung mit mitreißenden Dance Beats, die in Nachtklubs der ganzen Welt für Aufregung sorgten. Noch heute ist der Hit „Blue Monday" von New Order die weltweit meistverkaufte Vinyl-Maxisingle aller Zeiten.

Die späten 1990er-Jahre wurden von der Band Oasis um die Brüder Liam und Noel Gallagher dominiert, die im südlichen Vorort Burnage aufwuchsen und stolz auf ihre irischen Arbeiterklasse-Wurzeln waren. Ihr schnoddriges, manchmal an Arroganz grenzendes Auftreten und Liam Gallaghers unverwechselbare Frisur sollten eine ganze Generation von Teenagern prägen. Heute kann man sich in Liam Gallaghers Nobelboutique Pretty Green (s. S. 89) in der für Oasis typischen Mode einkleiden.

Die heute erfolgreichste Manchester-Band ist die Gruppe Elbow, die bei Kritikern und Musikliebhabern gleichfalls

015ma Abb.: ar

beliebt ist. Bei den Olympischen Spielen in London 2012 kam der Band sogar die Ehre zu, bei der Schlussfeier zu spielen.

Die Geschichte Manchesters als Musikmetropole ist noch längst nicht beendet. Gruppen wie The Courteneers konnten in den letzten Jahren große kommerzielle Erfolge verbuchen, während fast allabendlich neue aufregende Gruppen in den vielen Musikschuppen der Stadt auftreten. Wer lieber zuerst vom Sofa aus etwas über die Musikszene der Stadt erfahren will, dem seien der Film „24 Party People" über das Label Factory Records und Anton Corbijns „Control" über die Gruppe Joy Division empfohlen.

Hochinteressant sind die „Manchester Musictours", die spannende Führungen zur Popgeschichte der Stadt veranstalten.

› *www.manchestermusictours.com*

Schild an der Pop Boutique (s. S. 89): Die Popkultur gilt in Manchester als hohe Kunst

69 [E5] **Fac 251,** 118 Princess Street, M17EN, www.facebook.com/factorymanchester, Mo./Di. 22.30–3, Do.–Sa. 23–4 Uhr, Eintritt 1–6 £. Im früheren Headquarter von Factory Records hat Peter Hook von der Band New Order einen der besten Nachtklubs der Stadt eingerichtet. In drei Räumen wird für jeden Geschmack etwas gespielt, von Indie Rock bis Tech House.

73 [C3] **South,** 4a South King Street, M26DQ, www.southnightclub.com, Do. 23–3 Uhr, Fr. 23–4 Uhr, Sa. 23–3 Uhr. Jeden Samstag findet hier die beliebte Indie-Nacht „Clint Boon Forever" statt, wo das Beste der Manchester-Musikszene aufgelegt wird. Eintritt 5–8 £.

74 [F2] **The Mint Lounge,** 46–50 Oldham Street, Northern Quarter, M41LE, www.mintlounge.com, Fr./Sa. 22.30–4 Uhr. Freitags ist Pop-Nacht mit Hits von den Rolling Stones bis zu Justin Timberlake, samstags findet Funkademia, Manchesters älteste Club Night, statt. Eintritt ab 5 £

75 [G4] **The Star and Garter,** 18–20 Fairfield Street, Piccadilly, M12QF, www.starandgarter.co.uk. Ein Paradies für Fans von Indie- und Alternative-Musik: In dem viktorianischen Pub mit kleinem Konzertraum im Obergeschoss finden an den meisten Wochenenden Konzerte statt. Jeder 1. Freitag im Monat ist für die legendäre Smiths-Disco reserviert, die es mittlerweile seit über 20 Jahren gibt. Eintritt 5–10 £.

76 [G3] **The Warehouse Project,** Store Street Car Park, M12WA, www.thewarehouseproject.com. Von September bis Dezember organisiert das Warehouse Project unter dem Bahnhof Piccadilly Raves mit den bekanntesten Namen in Dance und Electronica. Die Klub-Nächte gelten als die besten in ganz Großbritannien, sind aber schon Monate im Voraus ausverkauft. Eintritt 17,50–32,50 £.

Theater und Konzerte

Klassische Konzerte

21 [C5] **Bridgewater Hall.** Die Bridgewater Hall ist das Heim des ältesten britischen Symphonieorchesters, dem Hallé, und des BBC Philharmonic Orchestra. Die Halle wurde 1996 nach den neusten Erkenntnissen der Akustik erbaut und bietet auch auf günstigeren Plätzen ein wunderbares Hörerlebnis.

14 [D1] **Chetham's School of Music.** Chetham's gilt als eine der besten Musikschulen Englands. Während des Schuljahres (Sept.–Juni) finden von Di. bis Do. um 13.30 Uhr mit wenigen Ausnahmen kostenlose Mittagskonzerte statt.

77 [E6] **Royal Northern College of Music,** 124 Oxford Road, M139RD, www.rncm.ac.uk. Die Musikhochschule veranstaltet mehrmals wöchentlich klassische und World-Music-Konzerte. Bei den kostenlosen Lunchtime Concerts um 13.15 Uhr kann man den Studenten zuhören. Montags finden Solo- und Duo-Aufführungen statt, donnerstags Orchesterstücke und an manchen Freitagen Kammermusik.

Theater

78 [dj] **Contact Theatre,** Oxford Road, M156JA, www.contactmcr.com. Das Contact hat sich auf Theaterstücke von jungen Leuten für junge Leute spezialisiert. Neben Theaterstücken gibt es auch Tanz- und Musikaufführungen.

20 [C5] **HOME.** Das neue Kunst- und Kulturzentrum Manchesters sorgt mit seinen Aufführungen, die durch innovative Produktion und Theaterarbeit bestechen, immer wieder für Schlagzeilen.

79 [C4] **Opera House Manchester,** 3 Quay Street, M33HP. Auf der Bühne des Opera House standen schon Laurence Olivier, Vivien Leigh und Kenneth Branagh und noch heute treten hier die großen Namen der Theaterwelt auf.

80 [D5] **Palace Theatre,** 97 Oxford Road, M16FT, www.atgtickets.com/venues/palace-theatre-manchester. Im Palace Theatre gastieren die großen Musicals- und Broadway-Produktionen.

› **Royal Exchange Theatre,** Royal Exchange 10. Das Theater ist bekannt für seine hochwertigen Aufführungen von klassischen bis hin zu experimentellen Stücken. Das runde, raumschiffähnliche Glastheater, das 750 Zuschauern Platz bietet, gehört zu den aufregendsten Aufführungsorten Großbritanniens und selbst die billigeren Plätze bieten gute Blicke auf das Geschehen.

35 [ai] **The Lowry.** Das Lowry zeigt ein großes Repertoire an Schauspiel, Oper, Musik und Comedy, von Broadway-Musicals bis zu Shakespeare.

EXTRATIPP

Kino mit Stil

Ein Genuss für Augen und Ohren ist das 1932 im Art-déco-Stil erbaute Plaza-Kino, in dem neben Mainstream-Filmen auch Stummfilme mit Klavierbegleitung gezeigt werden.

83 **Plaza,** Mersey Square, Stockport SK11SP, www.stockportplaza.co.uk, Anfahrt: vom Bahnhof Piccadilly bis Stockport (zehnminütige Fahrt)

Kino

81 [C4] **Odeon Great Northern,** 235 Deansgate, M34EN, www.odeon.co.uk. In dem Unterhaltungs- und Einkaufszentrum The Printworks, das in einem denkmalgeschützten viktorianischen Warenhaus untergebracht ist, gibt es 14 Kinosäle, in denen alle Neuerscheinungen gezeigt werden.

20 [C5] **HOME.** Das Kunst- und Kulturzentrum zeigt eine gute Auswahl an Programm- bis Mainstream-Filmen.

Manchester für Kauflustige

Manchester ist wie gemacht für Einkaufsfreudige. In Sachen Shopping steht Englands zweitwichtigste Stadt London kaum in etwas nach: Von riesigen Einkaufspalästen über originelle Modeboutiquen und Antikmärkte findet man hier alles, was das Herz begehrt.

Die Haupteinkaufsstraße Manchesters ist die architektonisch recht unattraktive **Market Street** [D2–E3], wo sich große Modeketten wie H&M, Urban Outfitters und Miss Selfridges aneinanderreihen. Im Sommer treten Straßenmusiker und Künstler auf und Markthändler verkaufen Blumen und Kunsthandwerk. An die Market Street grenzt das riesige Einkaufszentrum **Arndale** (s. S. 88), das mit über 200 Geschäften und einer Fläche von 130.000 m² zu den größten Kaufhäusern Europas zählt. In dem dreistöckigen Gebäude befindet sich neben Läden auch ein Food Court mit etlichen Restaurants und 800 Sitzgelegenheiten.

Ruhiger und eleganter als die Market Street ist die parallel zu ihr verlaufende **King Street** [C/D3]. Hier sind Designerläden wie Ted Baker, Mulberry, Emporio Armani, Diesel, Hugo Boss etc. in teilweise denkmalgeschützten Gebäuden untergebracht. Zwischen der Market Street und King Street befindet sich eine weitere Fußgängerzone, die vom St Ann's Square 9 bis zum Exchange Square verläuft und mehrere Nebenstraßen einschließt. Auch hier finden sich hauptsächlich gehobenere Läden wie die Filiale des Londoner Luxuskaufhauses Harvey Nichols in der New Cathedral Street.

Ein brandneues Shoppingareal ist die edle Einkaufsstraße **The Avenue** [C3], die von der Straße Deansgate zum Crown Square im Stadtteil Spinningfields führt, wo sich dieselben teuren Designerläden wie in der King Street finden.

Sehr viel individueller sind die Geschäfte des **Northern Quarters** 32. Hier reihen sich Vintage-Läden an kleine Boutiquen und etliche Plattenläden, und auch wer an Kunst interessiert ist, kommt hier auf seine Kosten: Neben Geschäften für Kunstmaterialien und Fotografie finden sich hier auch mehrere Galerien sowie das Craft und Design Centre (s. S. 91), ein Zusammenschluss von Kunsthandwerkern, die hier in ihren Studios sowohl arbeiten als auch ihre Waren verkaufen. Wer einen Einkaufsbummel durch das Northern Quarter macht, sollte auf keinen Fall das Alternativkaufhaus **Afflecks** (s. S. 88) verpassen, ein riesiges Labyrinth mit Shops von kleinen Einzelhändlern, die über vier Stockwerke verteilt alles von Vintage- und Gothic-Kleidung über *clubwear* bis zu ausgefallenen Kostümen verkaufen.

So richtig in einen Shoppingrausch verfallen kann man im **Trafford Centre** 41 8 km südwestlich der Innenstadt. Die riesige Einkaufsgalerie hat eine solche Dichte an Geschäften, dass es ein paar Tage dauern würde, sich durch jeden einzelnen Laden durchzuarbeiten. Und nicht nur das: Unter demselben Dach finden sich Kinos, Bowlingbahnen, ein Legoland-Centre und ein Aquarium.

Shoppingareale

Die wichtigsten Shoppingbereiche der Stadt sind im Kartenmaterial mit einer rötlichen Fläche markiert.

Wer an Antiquitäten interessiert ist, sollte eine kurze Zug- oder Busfahrt in die südlichen Vororte auf sich nehmen. Im **Levenshulme Antiques Village** (s. S. 90) bieten etliche Händler Möbel, Keramik und viele Kuriositäten an. Eine Haltestelle weiter erreicht man Stockport, wo um den schönen alten Markplatz herum viele weitere Antiquitätenhändler zu finden sind und wo in der viktorianischen Markthalle einmal im Monat der hervorragende Antikmarkt **The Vintage Village** (s. S. 90) stattfindet.

Kaufhäuser

84 [E2] **Afflecks,** 52 Church Street, Northern Quarter, M41PW, www.afflecks.com, Mo.–Fr. 10.30–18 Uhr, Sa. 10–18 Uhr, So. 11–17 Uhr. Das Alternativkaufhaus im Northern Quarter bietet ein Sammelsurium an schräger Mode, Vintage-Kleidung, Kostümen und schrulligen Geschenken. Wer nach Sex-Pistols-Shirts, Zylinderhüten oder handgefertigtem Schmuck sucht, ist hier an der richtigen Adresse. Im zweiten und dritten Stock sind zwei Retrocafés untergebracht, in denen gutes Essen serviert wird. Im ersten Stock findet sich das herrliche Eiscafé Gingers Comfort Emporium, das so tolle Kreationen wie „Tallulah's Rasperry Nipple" serviert.

85 [D2] **Arndale,** Market Street, M43AQ, www.manchesterarndale.com, Mo.–Fr. 9–20 Uhr, Sa. 9–19 Uhr, So. 11.30–17.30 Uhr. In diesem riesigen Shoppingcenter in der Innenstadt sind über 200 Geschäfte, Restaurants und ein Markt untergebracht. Kauflustige werden begeistert sein: Hier findet sich alles von Modeketten wie H&M und Topshop über Bücherläden bis zur Parfümerie.

86 [ai] **Lowry Outlet Mall,** Salford Quays, M503AH, Metrolink: Media City, www.lowryoutlet.co.uk, Mo.–Fr. 10–18 Uhr, Sa. 10–19 Uhr, So. 11–17 Uhr. Ein

006ma Abb.: mm

Paradies für Schnäppchenjäger: Gegenüber dem Lowry-Kulturzentrum werden in diesem Fabrikverkaufshaus Markenartikel mit bis zu 70 % Rabatt angeboten. Neben Geschäften warten außerdem etliche Restaurants und Schnellimbisse sowie ein Kino auf die Besucher.

41 **Trafford Centre.** Das gigantische Einkaufszentrum liegt etwa 8 km südlich der Innenstadt, ist aber gut mit öffentlichen Verkehrsmitteln zu erreichen. Neben Geschäften gibt es etliche Restaurants und Unterhaltungsmöglichkeiten wie ein Aquarium und den Lego-Park.

Mode

87 [E3] **Blue Rinse Vintage,** 21–23 Oldham Street, Northern Quarter, M11JG, www.bluerinsevintage.co.uk, geöffnet: Mo.–Sa. 10–18 Uhr, So. 11–17 Uhr. Zwei Brüder aus Leeds verkaufen in dieser Boutique „upgecycelte" Mode unter dem Namen „Remade in England". Gut für originelle Funde.

88 [C3] **Elite,** 35 King Street West, M32PW, www.elitedressagency.com, Mo.–Sa. 10–17 Uhr, So. 11–16 Uhr. Eine gute Auswahl an fast neuer Designermode für einen Bruchteil des Originalpreises. Von DKNY über Prada bis MiuMiu: Hier kann man sich für erschwingliche Preise einkleiden.

89 [E2] **Oi Polloi,** 63 Thomas Street, Northern Quarter, M41LQ, www.oipolloi.com, Mo.–Sa. 10–18 Uhr, So. 12–17 Uhr. Was auch immer bei der Männermode gerade im Trend ist, Oi Polloi hat es. Seit 2002 wird hier eine große Auswahl an Labels wie Fred Perry, Ralph Lauren oder Barbour angeboten.

90 [E2] **Pop Boutique,** 34–36 Oldham Street, Northern Quarter, M11JN, www.pop-boutique.com, Mo.–Sa. 10.30–18.30 Uhr, So. 12.30–17 Uhr. Der herrlich kitschig eingerichtete Vintage-Shop ist so erfolgreich, dass die Besitzer mittlerweile nicht nur Filialen in London, sondern auch in Schweden eröffnet haben. Neben Mode werden auf den zwei Etagen auch Möbel verkauft. Im Retrocafé im Erdgeschoss kann man sich nach dem Einkauf erholen.

91 [D3] **Pretty Green,** 81 King Street, M24AH, www.prettygreen.com, Mo.–Sa. 10–19 Uhr, So. 11–17 Uhr. Mod-Style-Männermode und raffiniert geschnittene Anzüge von Oasis-Sänger Liam Gallagher. Ein Muss für alle Britpop-Fans.

92 [F2] **Retro Rehab,** 91 Oldham Street, Northern Quarter, M41LW, www.retrorehab.co.uk, Mo.–Sa. 10.30–17.30 Uhr. Hier findet man ausgefallene Secondhandkleidung aus der Zeit von 1920 bis 1980.

Geschenke

93 [E2] **Beermoth,** 70 Tib Street, Northern Quarter, M41LG, www.beermoth.co.uk, Mo.–Do. 11–20 Uhr, Fr./Sa. 11–20.30, So. 12–18 Uhr. Das Biergeschäft ist der perfekte Ort, um britische Biere von kleineren Brauereien zu probieren. Ein schönes Geschenk geben die Manchester-Biere der Lokalbrauerei Marble Beers her.

94 [E2] **Bonbon Chocolate Boutique,** 9 John Street, Northern Quarter, M41EQ, www.bonbonchocolate.co.uk, Do.–Sa. 11–18, So. 12–17 Uhr. Ein Schlaraffenland für Liebhaber von Süßem: In diesem Laden werden neben exotischen Schokoladensorten selbst hergestellte Prali-

Wer hier nicht fündig wird, wird es nirgendwo: im Trafford Centre 41 *gibt es 230 Geschäfte*

nen und Trüffel in edler Verpackung verkauft. Zu dem schön gestalteten Laden gehört auch ein Café.

› **Manchester United Megastore,** Old Trafford Football Ground 39. Von Wayne-Rooney-Gesichtsmasken über United-Gartenzwerge bis zur roten Badeente: Wer nach ausgefallenen Geschenken für Fußballfans sucht, ist hier am rechten Platz.

96 [E2] **Oklahoma,** 74–76 High Street, Northern Quarter, M41ES, www.okla.co.uk, So.–Do. 10–18 Uhr, Fr./Sa. 10–19 Uhr. An das Oklahoma Café schließt sich ein kleiner Laden mit Postkarten und allerlei schönen Geschenkideen an.

Märkte

98 **Levenshulme Market,** 965 Stockport Road, M193NP, www.levymarket.com. Von März bis Dez. jeden Samstag 10–16 Uhr. Neben Vintage-Mode gibt es Delikatessen, Kunsthandwerk, Antiquitäten und Schallplatten. Anfahrt: per Bahn von Piccadilly in 6 Min. oder mit der Buslinie 192.

99 [F2] **Makers Market,** Stevenson Square, M11DB, www.themakersmarket.co.uk, jeden 2. So. im Monat 11–17 Uhr. Hübscher Markt im Northern Quarter mit Kunsthandwerk, Streetfood und Blumen. Am 3. Sa./So. im Monat findet der Makers Market am Hardman Square [B3] in Spinningfields statt, am letzten Sa./So. im Monat vor dem Lowry 35.

› **Manchester Markets,** www.manchester.gov.uk/markets. Unter der Dachorganisation „Manchester Markets" finden über das Jahr hinaus spezielle Märkte an verschiedenen Orten statt. Zu den regelmäßig stattfindenden Märkten gehört der kleine Blumen-, Street Food- und Kunsthandwerksmarkt am Platz Piccadilly Gardens 31, Do.–Sa. 11–16.30 Uhr.

Antiquitäten

100 **Levenshulme Antiques Village,** Wellington Road North, Stockport, SK42LS, www.theantiquesvillage.com, Mo.–Sa. 10–17 Uhr, So. 11–16 Uhr. In dem ehemaligen viktorianischen Rathaus wird seit über 30 Jahren mit Antiquitäten gehandelt. Hier findet man alles von Kronleuchtern über Möbel bis hin zu alten Schildern. Das Antiques Village ist etwa zehn Gehminuten vom Bahnhof Levenshulme (rund 6 Minuten von Piccadilly) entfernt. Buslinie 192 hält direkt vor dem Gebäude.

101 **The Vintage Village,** Market Place, Stockport, SK11EU, Zugfahrt von Piccadilly zum Bahnhof Stockport (10 Minuten) oder Buslinie 192 bis Stockport Bus Station, www.thevintagevillage.co.uk, jeden 2. So. im Monat 10–16 Uhr. Eintritt 2 £. Großer Vintage-Markt in der hübschen viktorianischen Markthalle Stockports. Von alten Büchern, Schallplatten und Vintage-Mode bis zu ausgestopften Tieren wird auf diesem bunten Markt so ziemlich alles verkauft. Rund um den Marktplatz finden sich weitere schöne Antikläden sowie gemütliche Cafés und Pubs, wegen derer sich ein Besuch auch an anderen Tagen im Monat lohnt.

Musik

102 [F2] **Eastern Bloc,** 5A Stevenson Square, Northern Quarter, M11DN, www.easternblocrecords.com, Mo.–Mi. 7.30–18, Do. 7.30–21, Fr. 7.30–23, Sa. 8.30–23, So. 10–16 Uhr. Ein Kultladen, zu dem Fans von Elektromusik schon seit den 1980er-Jahren pilgern, um Underground-Dance-Platten zu ersteigern. Nach dem Shoppen kann man seine neuen Besitzstücke bei Kaffee und Kuchen im dazugehörenden Café bewundern. Am Wochenende legen

abends DJs auf und komplettieren so die spezielle Atmosphäre dieses Ortes.

103 [D3] **Fopp,** 19 Brown Street (an der Market Street), M21DA, www.fopp.com, Mo.-Sa. 10-18.30 Uhr, So. 11-17 Uhr. Die Ladenkette Fopp verkauft günstige CDs, DVDs und Kultbücher, ist aber weit mehr als ein Ramschladen. Die Auswahl an Musik und Filmen ist hochwertig und die Verkäufer sind ausnahmslos gut informiert.

104 [E2] **Piccadilly Records,** 53 Oldham Street, Northern Quarter, M11JR, www.piccadillyrecords.com, Mo.-Sa. 10-18 Uhr, So. 12-17 Uhr. Kein Musikfan darf Manchester verlassen, ohne Piccadilly Records einen Besuch abgestattet zu haben. Jedes erdenkliche Genre ist hier vertreten, sowohl auf CD als auch auf Schallplatte, und sämtliche Verkäufer haben ein fast enzyklopädisches Wissen.

105 [E3] **Vinyl Exchange,** 18 Oldham Street, Northern Quarter, M11JN, www.vinylexchange.co.uk, Mo.-Sa. 10-18 Uhr, So. 12-17 Uhr. Das Secondhandgeschäft ist eine Fundgrube für seltene Platten, CDs und Filme. Hier findet man alles von Indie über Dance bis Hip-Hop.

Bücher

106 [E7] **Blackwell,** Arthur Lewis Building, Bridgeford Street, M139PL, geöffnet: Mo.-Fr. 8.30-18, Sa. 9-17 Uhr. Direkt an der Universität findet sich diese Buchhandlung, die sich auf wissenschaftliche Titel spezialisiert hat, aber auch eine große Auswahl an Unterhaltungsliteratur und Bestsellern anbietet.

107 [E3] **Chapter One,** 19 Lever Street, Northern Quarter, M11BY, www.chapteronebooks.co.uk, tägl. 10-24 Uhr. Eine perfekte Kombination: Manchesters neuer unabhängiger Buchladen bietet eine Auswahl an Büchern, Kaffee und Kuchen und etliche gemütliche Sitzecken.

108 [C3] **Waterstone's Deansgate,** 91 Deansgate, M32BW, www.waterstones.com, Mo.-Fr. 9-20 Uhr, Sa. 9 -19 Uhr, So. 10.30-17 Uhr. Über drei Stockwerke verteilt stehen Kunden über 100.000 Titel zu jedem Themenbereich zur Auswahl. Im dritten Stock befindet sich ein schönes Café, in dem man vor dem Kauf seine ausgewählten Bücher schon einmal durchblättern kann.

EXTRATIPP

Einkaufen und genießen im Craft and Design Centre

In der herrlichen viktorianischen Markthalle des Craft and Design Centre verkaufen über zwei Stockwerke verteilt Künstler und Handwerker ihre Waren. Alles, was man hier findet, ist original und wurde in der Regel vor Ort angefertigt. Die 18 Studios dienen den Künstlern sowohl als Werkstatt als auch als Verkaufsladen. Besucher können hier also bei der Produktion der Waren zusehen. Von Zeichnungen über Keramik bis zu Textilien und Schmuck findet sich hier wirklich für jeden Geschmack etwas.

Vom Oak Street Café im Erdgeschoss hat man einen interessanten Blick auf die Künstlerstudios. Das Café (mit WLAN-Hotspot) serviert neben ausgezeichneten hausgemachten Kuchen auch Suppen, Salate, Pfannkuchen und Frittatas. Auch Biere von regionalen Brauereien und eine gute Auswahl an Weinen stehen auf der Karte.

109 [E2] **Craft and Design Centre,** 17 Oak Street, Northern Quarter, M45JD, www.craftanddesign.com, Studios Mo.-Sa. 10-17.30 Uhr, Café Mo.-Sa. 10-16.30 Uhr, So. geschlossen

Manchester zum Träumen und Entspannen

Manchester ist eine überschaubare Stadt: Schon nach einer halbstündigen Zugfahrt findet man sich in wildromantischen Hochmooren wieder, wo die Stille nur vom Blöken unzähliger Schafe unterbrochen wird. Aber auch direkt im Zentrum finden sich etliche Ruheoasen, die Erholung vom geschäftigen Treiben bieten.

Kleine Grünflächen direkt in der Innenstadt, die sich bei warmem Wetter schnell mit Studenten und Einkäufern füllen, sind die **Piccadilly Gardens** 31 und die **Cathedral Gardens** [D2] zwischen der Kathedrale und dem Fußballmuseum. Beim alljährlichen Manchester Picnic (s. S. 95) Ende August verwandeln sich die Piccadilly Gardens sogar in eine große Picknickwiese mit Sonnenschirmen und Liegestühlen.

Ruhiger geht es in den **St John's Gardens** [B4] in der Lower Byrom Street zu. Die Kirche, die dem Park ihren Namen gab, steht längst nicht mehr, aber eine Statue in der Mitte erinnert an die über 20.000 Menschen, die hier begraben liegen. Einer von ihnen, William Marsden, setzte 1840 zum Ärger vieler Fabrikbesitzer durch, dass Arbeiter samstags einen halben Tag frei bekamen. Noch heute ist der Park mittags bei den Angestellten der umliegenden Büros beliebt.

Gleich um die Ecke findet sich zwischen den modernen Glasbauten von Spinningfields eine der neusten Grünflächen der Stadt: Die gelben Liegestühle auf dem **Hardman Square** [B3] sind perfekt für ein kleines Mittagspäuschen.

Auch die vielen **Wasserwege** laden zum Verweilen ein. Besonders schön ist die Gegend in **Castlefield** 19, wo der Bridgewater- und der Rochdale-Kanal auf den Fluss Irwell stoßen. Der Beetham Tower ragt nur ein paar Minuten entfernt im nahen Deansgate in den Himmel, aber der Trubel der Innenstadt könnte nicht weiter entfernt sein. Hier im ältesten Teil der Stadt, wo im 1. Jahrhundert das römische Lager Mamucium entstand, tuckern heute Hausboote langsam von Schleuse zu Schleuse und die Kopfsteinpflaster laden zu einem gemächlichen Spaziergang ein. 2 km westlich liegen die **Salford Quays** am früheren Binnenhafen Manchesters, der die Stadt mit Liverpool verbindet. Anders als das geschichtsträchtige Castlefield ist dieser Teil der Stadt erst im letzten Jahrzehnt regeneriert worden und ist ganz von der hypermodernen Architektur des Lowry-Kulturzentrums und des Imperial War Museums geprägt. Doch die frische Brise, die hier meist über den breiten Manchester Ship Canal weht, lässt das nur 58 km entfernte Meer erahnen und gibt einem ein Gefühl von Weite.

Auch der **Cotton Field Park**, der nur wenige Gehminuten nördlich des Northern Quarters liegt, ist durch die Regenerierung alter Kanäle entstanden. Von dem Öko-Park bieten sich ein schöner Blick auf die Marina mit den bunten Hausbooten.

Der **Heaton Park** liegt 6 km nördlich des Stadtzentrums und ist mit seinen 250 Hektar Fläche einer der größten städtischen Parkanlagen Europas. Neben schönen Waldgebieten und weiten Grasflächen ist der Park auch ein Ausgangspunkt für viele Ak-

Perfekt für ein Mittagspäuschen: Liegestühle am Hardman Square [B3]

tivitäten: Kinder kommen besonders im Streichelzoo und beim Rudern auf dem Boating Lake auf ihre Kosten, aber auch das Herrenhaus Heaton Hall und der Golfplatz ziehen viele Besucher an.

Der Fluss Mersey fließt durch die südlichen Vororte und ist größtenteils von weiten Parkflächen umgeben. Besonders sehenswert sind die **Fletcher Moss Botanical Gardens,** die in East Didsbury an die Flusswiesen grenzen. Der Philanthrop Fletcher Moss sammelte hier seltene Pflanzen aus der ganzen Welt und überließ den Park 1919 den Einwohnern Manchesters. Empfehlenswert ist auch ein Spaziergang durch das **Chorlton Ees Nature Reserve,** der sich gut mit einem Besuch der Cafés oder Pubs in der Beech Road 42 verbinden lässt.

•110 **Chorlton Ees Nature Reserve,** Brookburn Road, Metrolink: Chorlton

•111 [G2] **Cotton Field Park,** New Islington, Metrolink: Piccadilly

•112 **Fletcher Moss Botanical Gardens,** East Didsbury, Metrolink: Didsbury Village

•113 **Heaton Park,** www.manchester.gov.uk/heatonpark, Metrolink: Heaton Park

EXTRATIPP

Perfekt für Morgenmuffel

Wer erst einmal mit einem Kaffee samt Zeitung in die Ledersessel des The Koffee Pot gesunken ist, der wird so schnell nicht weitergehen wollen. Das Café serviert bis in den Nachmittag hinein ein Full English Breakfast mit Speck, Bohnen und allem drum und dran sowie andere Brunch-Varianten wie Pfannkuchen mit Ahornsirup oder dem „Kater"-Killer Hering mit Ei.

114 [F2] **The Koffee Pot,** 84–86 Oldham Street, Northern Quarter, M41LE, www.thekoffeepot.co.uk, geöffnet: Mo. 7.30–16, Di.–Fr. 7.30–23, Sa. 9–23, So. 9–16 Uhr

018ma Abb.: ar

Zur richtigen Zeit am richtigen Ort

Manchester gibt seinen Besuchern nicht nur in den Sommermonaten viel Grund zum Feiern: Das vielfältige Veranstaltungsprogramm lockt das ganze Jahr über mit Outdoorkonzerten, Sportevents, Theater und Filmfestivals Besucher an. Besonders bunt ist das Angebot in den Sommermonaten und im Oktober, wenn kaum ein Wochenende verstreicht, an dem nicht irgendein Event über die Bühne geht. Unter www.visitmanchester.com kann man sich unter dem Link „What's On" tagesaktuell über Veranstaltungen informieren.

Januar/Februar

- **Chinese New Year:** Ein mehrstündiger Drachentanz durch die Innenstadt und ausgiebige Feuerwerke in Chinatown feiern das chinesische Neujahr.
- **re: play Festival:** In der zweiten Januarhälfte finden im Lowry-Kulturzentrum Wiederaufführungen der besten neuen Theaterproduktionen des vergangenen Jahres statt (www.thelowry.com).
- **Manchester Beer and Cider Festival:** Ende Januar kommen im Manchester-Velodrom Liebhaber von Craft-Bier, Ale und Cider auf ihre Kosten (http://manchesterbeerfestival.org.uk).

März

- **Manchester Irish Festival:** Höhepunkt des zweiwöchigen Festivals ist die riesige St Patrick's Day Parade um den 17. März herum (www.manchesteririshfestival.co.uk).
- **Manchester Histories Festival:** Zehn Tage lang wird die reiche Geschichte der Stadt mit Ausstellungen, Aufführungen und Diskussionen gefeiert (www.manchesterhistoriesfestival.org.uk).
- **¡Viva! Spanish and Latin American Film Festival:** Die Spanisch-lateinamerikanischen Filmtage finden seit über 20 Jahren statt.
- **Future Everything:** Seit 1995 wird jeden März dieses innovative Festival der Digitalkunst und Musik veranstaltet, bei dem Technologien der Zukunft vorgestellt werden (www.futureeverything.org).

Mai

- **Sounds from the Other City:** Am ersten Wochenende im Mai treten neue britische Bands an verschiedenen Orten in Salford auf (www.soundsfromtheothercity.com).
- **Great Manchester Run:** Mitte Mai treffen sich Amateure und Topathleten in Manchester, um an Europas größtem 10-km-Lauf teilzunehmen.
- **Dot-to-Dot Festival:** Bei diesem Musikfestival spielen Bands und DJs 16 Stunden lang über die ganze Stadt verteilt (www.dottodotfestival.com).

Juni

- **Parklife:** Das beliebte Musikfestival, auf dem weltbekannte Bands und DJs spielen, findet Anfang Juni im Heaton Park statt (www.parklife.uk.com).
- **Manchester Day Parade:** Am letzten Sonntag im Juni feiert Manchester sich selbst. Ein farbenfreudiger Umzug der verschiedensten städtischen Klubs und Einrichtungen zieht jährlich über 200.000 Zuschauer an.
- **Manchester International Festival:** Das Manchester International Festival (MIF) zeigt Weltpremieren aus der Musik und dem Schauspiel. Seit 2007 findet das hochgelobte Festival alle zwei Jahre von Ende Juni bis Mitte Juli an verschiedenen, oft außergewöhnlichen Austra-

gungsorten statt. Die Aufführungen sind gewagt: So war 2013 eine Vorführung von Strawinskis „Die Frühlingsweihe" geplant, bei der die Ballerinas durch eine Wolke aus von der Decke fallendem Knochenpulver ersetzt werden sollten. Die Idee stellte sich selbst für das progressive Manchester als zu experimentell heraus und kam letztendlich nicht zustande, war aber ein Zeichen des radikalen, vorwärtsdenkenden Geistes des MIF. Die nächsten Festivals finden 2019 und 2021 statt (www.mif.co.uk).

- **Grillstock Festival:** Am letzten Juniwochenende wird am Albert Square gegrillt, während amerikanische Bands für Unterhaltung sorgen (www.grillstock.co.uk).

Juli

- **Sounds of the City:** Bei diesem Outdoor-Festival in der schönen Castlefield-Bowl-Arena treten die bekanntesten Bands der Indie-Musikszene auf.
- **24 : 7 Theatre Festival:** Das Theaterfestival findet Ende Juli statt und feiert neue, innovative Produktionen (www.247theatrefestival.co.uk).
- **Manchester Jazz Festival:** Zweiwöchiges Jazzfestival an verschiedenen Orten der Stadt. Viele Konzerte sind auf dem Albert Square zu hören.

August

- **Dig the City:** Dieses Festival Anfang August feiert die städtische Gartenkunst. Die ganze Innenstadt blüht für zehn Tage mit Vorzeige-Gärten und Blumenschmuck auf. Dazu gibt es viele Aktivitäten für Kinder und etliche Vorträge (www.digthecity.co.uk).
- **The Manchester Picnic:** Am ersten Augustwochenende verwandeln sich die Piccadilly Gardens in eine große Picknickwiese mit Essständen und Musik.
- **Manchester Pride:** Zehn Tage im August feiert die Schwulen- und Lesbenszene im Gay Village. Höhepunkt ist eine bunte Parade durch die Innenstadt (www.manchesterpride.com).

Manchester Day Parade: Im Juni feiern die Bewohner Manchesters ihre Stadt mit einem bunten Umzug

Offizielle Feiertage in England

- **New Year's Day:** 1. Januar
- **Good Friday:** Karfreitag
- **Easter Monday:** Ostermontag
- **Early May Bank Holiday:** Maifeiertag, erster Montag im Mai
- **Spring Bank Holiday:** letzter Montag im Mai
- **Summer Bank Holiday:** letzter Montag im August
- **Christmas Day:** 1. Weihnachtstag
- **Boxing Day:** 2. Weihnachtstag

Bitte beachten: Wenn Feiertage auf einen Samstag oder Sonntag fallen, so wird der darauffolgende Montag automatisch zum freien Tag.

September

- **The Manchester Contemporary:** Messe für zeitgenössische Kunst in Spinningfields (www.themanchestercontemporary.com)

Oktober

- **Dashehra Diwali Mela:** Die Hindu-Feste von Dashehra und Diwali werden am Albert Square mit Tänzen, Feuerwerken und Musik begleitet (www.dashehradiwali.co.uk).
- **Manchester Food and Drink Festival:** Bei dem zehntägigen Kulinarik-Festival treten bekannte TV-Köche wie Jamie Oliver oder Gordon Ramsay auf und am Albert Square bieten die besten Restaurants der Stadt Essproben (www.foodanddrinkfestival.com).
- **Manchester Literature Festival:** Auf diesem Literarturfestival treten renommierte britische und ausländische Autoren auf und es gibt Workshops für angehende Autoren (www.manchesterliteraturefestival.co.uk).
- **Manchester Science Festival:** Die Veranstalter des neuntägigen Festivals haben es sich zum Ziel gesetzt, mit Installationen, Workshops und spannenden Experimenten Lust auf die Naturwissenschaften zu machen (www.manchestersciencefestival.com).
- **Great Northern Contemporary Craft Fair:** Mitte Oktober stellen die besten Künstler und Handwerker Nordenglands ihre Werke vor (www.themanchestercontemporary.co.uk).
- **Grimm Up North:** ein Festival für Horror- und Kultfilmfans (www.grimmfest.com)

November

- **Bonfire Night:** Am 5. November gedenkt man in Großbritannien Guy Fawkes' missglücktem Anschlag auf das britische Parlament im Jahr 1606. In vielen Parks und Privatgärten werden um den 5. herum Feuer entzündet, in denen Guy-Fawkes-Figuren verbrannt werden, und Feuerwerke gestartet. Kinder sitzen schon Wochen vorher mit Abbildungen von Guy Fawkes vor Geschäften und bitten um „a penny for the Guy".

Dezember

- **Manchester Christmas Markets:** Glühwein, Christstollen und Lebkuchen: Im Advent geht es in Manchester deutsch zu. Die meisten Stände finden sich am Albert und St Ann's Square (www.manchestermarkets.com).

MANCHESTER VERSTEHEN

067ma Abb.: kw

Das Antlitz der Metropole

Rot und blau, das sind nicht nur die Farben der beiden Fußballteams der Stadt, sondern auch die Farbtöne, die das Stadtbild Manchesters beherrschen. Ziegelrot glühen die alten Backsteinbauten und Warenhäuser, wenn die Sonne im Westen über dem nahen Liverpool untergeht. Silbrigblau glänzen die Kanäle und die Glasbauten der modernen Stadt – und an überraschend vielen Tagen auch der Himmel.

Manchesters Geschichte als **erste Industriestadt der Welt** lässt oft fälschlich die Vorstellung von einer trüben Kombination aus Fabriken und Schornsteinen aufkommen. Dabei beschränkte sich die Industrie Manchesters von Anfang an auf die Baumwollverarbeitung, die sich bereits Ende des 19. Jahrhunderts in die Außenbezirke verlagerte, während in Manchester selbst hauptsächlich **Handel** getrieben wurde.

◁ *Vorseite: Manchester ist auch von starken architektonischen Kontrasten geprägt*

▽ *Panoramablick über die Stadt*

Und so ist die Innenstadt heute noch immer von den großen **Warenhäusern** und **viktorianischen Prachtbauten** der reichen Baumwollfabrikanten geprägt, die heute längst in schicke Wohnungen und Hotels umgebaut sind, und von den **Kanälen** und **Einsenbahnlinien**, die den An- und Abtransport der Textilien ermöglichten. Dazwischen stehen in einer lockeren Symbiose aus Alt und Neu die Wahrzeichen des modernen Manchester: **glitzernde Glasbauten**, deren gewagte Schrägen sich mit der alten Stadt verbinden. Gleich daneben befinden sich der Vollzähligkeit halber noch einige Überreste aus dem Mittelalter.

Manchester hat nicht den Prunk und die Eleganz Londons, dafür aber eine geschäftige Energie und Lebensfreude, die ansteckend wirken. Ein Grund dafür sind die über 100.000 **Studenten** im Großraum Manchester, die der Stadt ein junges und lebhaftes Flair verleihen. Überhaupt sind die **Mancunians**, oder kurz **Mancs**, wie man die Bewohner Manchesters bezeichnet, für ihre Wärme und ihren Witz bekannt und so bekommt man beim Einkaufen vom Kassierer oder beim Einsteigen in den Bus oft ein paar humorvolle Bemerkungen

020ma Abb.: mm©Watson Associates

mit auf den Weg, die vermuten lassen, man hätte alle Mancs ein Talent für Komödie mit in die Wiege gelegt. Vielleicht liegt ihr Sinn für Ulk aber auch einfach an ihrem breiten, nasalen **Akzent**, der auf Briten aus anderen Teilen des Landes drollig und amüsant wirkt. Die eigentliche Stadt Manchester ist überschaubar und kompakt, doch verschmelzen im **Großraum** acht Städte miteinander, die allesamt einen eigenen Stadtkern mit Rathaus, Kunstgalerie und Marktplatz haben. Am engsten verknüpft ist Manchester mit **Salford**, dessen Grenze nur durch den schmalen Fluss Irwell markiert wird und das vom Zentrum Manchesters nur wenige Hundert Meter entfernt ist. Im Mittelalter war Salford sogar größer und bedeutender als Manchester, was sich aber im Laufe der Industriellen Revolution ändern sollte. Heute ärgern sich viele Salfordians, dass Sehenswürdigkeiten wie die Salford Quays von vielen aus Unwissenheit oder wie in diesem Buch der Einfachheit halber Manchester zugeordnet werden. Viele Ökonomen argumentieren allerdings, dass dieser Zusammenschluss der Städte unter einem Namen nötig ist, um ernsthaft mit London konkurrieren zu können und auf internationaler Bühne größere Anerkennung zu finden. Aber vielleicht besteht gerade die Stärke **Greater Manchesters** in dieser Fusion aus unterschiedlichen Identitäten und dem Zusammenschluss von vielen kleineren Einheiten. Tatsache ist: Wer die Stadt Manchester besucht, besucht meist auch noch die Städte Salford, **Trafford** und **Stockport** und vielleicht gleich auch noch **Oldham**, **Tameside**, **Bury**, **Bolton** und **Rochdale**.

Heute leben rund 24.000 Mancunians direkt im **City Centre** – in schicken Loft-Apartments, renovierten Warenhäusern und neuen Glasbauten. Noch vor zwei Jahrzehnten wäre das unvorstellbar gewesen: 1990 wohnten weniger als 6000 Menschen im Stadtkern, während ein Großteil der alten viktorianischen Bauten leer stand und immer weiter verfiel. Doch so beliebt das Leben mitten in der Stadt geworden ist, gilt für viele Engländer noch weiterhin die Devise „my home is my castle“: Wer es sich leisten kann, kauft sich schon in jungen Jahren ein Heim mit Garten in den Außenbezirken. Und so muss man in Manchester nur kurz den Innenstadtbereich verlassen, um auf die roten Reihenhäuser zu stoßen, die so typisch für Nordengland sind. „Two up, two downs“ werden sie im Englischen genannt, zwei Zimmer oben, zwei

KURZ & KNAPP

Die Stadt in Zahlen

- **Gegründet:** 79 n. Chr.
- **Einwohner:** Manchester 541.000, Greater Manchester 2,8 Mio.
- **Bevölkerungsdichte:** 4900 Ew. pro km^2
- **Studentenzahl Greater Manchesters:** über 100.000
- **Fläche:** 115,7 km^2
- **Höhe ü. M.:** 38 m

Zimmer unten. Natürlich gibt es sie auch in größeren Varianten, besonders in den Vororten Didsbury und Chorlton, wo Hauspreise mittlerweile fast ein Londoner Niveau erreicht haben und eine Doppelhaushälfte nicht selten eine Million Pfund kostet. Die wirklichen Millionärsenklaven finden sich jedoch noch weiter südlich in umliegenden Dörfern wie Alderley Edge oder Prestbury.

Von den Anfängen bis zur Gegenwart

Die Geschichte Manchesters geht auf die Römer zurück, die hier im ersten Jahrhundert an einer wichtigen Straßenkreuzung das Lager Mamucium erbauten. Nach dem Abzug der Römer siedelten sich Angelsachsen vor Ort an, aber über Jahrhunderte hinweg sollte Manchester ein unbedeutendes, kleines Städtchen bleiben.

Alles änderte sich schlagartig im 18. Jahrhundert: Der **Bridgewater Canal**, der einen billigen Kohletransport ermöglichte, wurde eröffnet. Der **mechanische Webstuhl** wurde in den Baumwollfabriken der Stadt eingeführt und steigerte die Textilproduktion um ein Vielfaches und der **Ship Canal**, der Manchester mit Liverpool und damit dem Meer verband, eröffnete wenige Jahre später. Innerhalb von hundert Jahren explodierte die Einwohnerzahl von nur 90.000 im Jahr 1801 auf zwei Millionen. Manchester war ein Koloss geworden: die **erste Industriestadt der Welt**, die erste moderne Stadt der Welt. Jeder, der die Stadt besuchte, bewunderte sie und war gleichzeitig von ihr abgestoßen.

Der **Niedergang** kam genauso abrupt wie der Aufstieg: Neue Industriestädte in den USA unterboten die Preise in England und zu Beginn des Ersten Weltkriegs war die Textilverarbeitung in Manchester praktisch zum Erliegen gekommen. Die Fabriken machten zu, der Hafen schloss, die riesigen Warenhäuser verfielen.

Erst in den 1990er-Jahren sollte ein **erneuter Aufschwung** kommen. Die alten Fabriken wurden in schicke Wohnungen umgebaut, Glasbauten schossen zwischen den ehemaligen Warenhäusern in die Höhe und die Stadt investierte in neue Technologien anstatt von Baumwolle. Selbst die Finanzkrise, die 2008 um sich griff, konnte der Stadt nicht viel anhaben. Die überall gegenwärtigen Kräne und Baustellen sind der Beweis: Manchester wächst und gedeiht.

Stadtgeschichte in Zahlen

79 n. Chr.: Der römische Feldherr Agricola lässt auf dem Gebiet des heutigen Castlefield ein Fort namens Mamucium errichten.

407: Die Römer ziehen sich aus Britannien zurück.

7. Jh. : Angelsachsen lassen sich in der Gegend nieder und gründen das Dorf Mameceaster, woraus sich später der Name Manchester entwickelt.

Das Peterloo-Massaker

Der 16. August 1819: ein Datum, das sich tief in die Psyche der Bewohner Manchesters eingebrannt hat. An diesem Tag fanden sich Zehntausende am St Peter's Field zusammen, um für mehr Demokratie und das allgemeine Wahlrecht zu demonstrieren. Auslöser für den Protest waren bestürzende Lohnkürzungen in den Webereien, hohe Arbeitslosigkeit und ein Anstieg der Nahrungsmittelpreise. Einer der Organisatoren, Henry Hunt, rief die Menschen auf, mit nichts anderem als ihrem guten Gewissen bewaffnet zu kommen. Das taten sie. Über 70.000 Menschen protestierten mehrere Stunden lang friedvoll, bis das Militär plötzlich mit gezückten Säbeln in die Menge stürmte. 16 Menschen starben, 600 wurden verletzt. Ganz England war entsetzt: Wie konnten britische Soldaten die eigene Bevölkerung ermorden, und zudem noch das gleiche Regiment, dass mit Tapferkeitsmedaillen für die Schlacht von Waterloo ausgezeichnet worden war? Schnell prägte sich der Begriff „Peterloo-Massaker". Der Dichter Percy Bussey Shelley schrieb im Folgejahr als Reaktion das Gedicht „Die Maske der Anarchie", ein Aufruf zum zivilen Ungehorsam, der noch heute gern von Demonstranten zitiert wird – ganz besonders die einprägende Endzeile: „Ye are many, they are few" („Ihr seid viele, sie sind wenige").

1301: Manchester erhält das Recht auf Selbstverwaltung.

1363: Flämische Weber lassen sich in der Stadt nieder und bringen ihre Kenntnisse in der Textilverarbeitung mit.

1642: Beginn des Englischen Bürgerkriegs. Manchester steht auf der Seite des Parlaments.

1660: Die Royalisten kommen an die Macht und Manchester verliert alle Parlamentssitze. Fast 200 Jahre lang wird die Stadt nicht im Parlament vertreten sein.

1761: Der Bridgewater Canal, der erste künstliche Kanal Großbritanniens, wird eröffnet und ermöglicht einen günstigen Kohletransport in die Stadt.

1781: Richard Arkwright eröffnet in der Miller Street die erste durch Dampfkraft angetriebene Textilfabrik.

021ma Abb.: ar

Statue Humphrey Chethams, Gründer der Chetham's Library (14), in der Manchester Cathedral (13)

1819: Beim Peterloo-Massaker (s. S. 101) sterben 16 Menschen.

1829: Die erste Passagiereisenbahn der Welt wird auf der Strecke von Manchester nach Liverpool eröffnet.

1839: Richard Cobden gründet die Anti-Getreidegesetz-Liga zur Abschaffung von Zöllen und Einführung des Freihandels.

1842: Friedrich Engels besucht zum ersten Mal Manchester.

1846: Die Getreidegesetze werden abgeschafft, Cobden wird als Held des sogenannten Manchesterliberalismus gefeiert.

1853: Manchester wird offiziell zur Stadt ernannt.

1903: Emmeline und Christabel Pankhurst gründen die „Women's Social and Political Union", die radikal für Frauenrechte eintritt.

1940: Kurz vor Weihnachten zerstören deutsche Fliegerangriffe einen großen Teil der Innenstadt.

1996: Am 15. Juni explodiert eine 1500 kg-Bombe der IRA in der Corporation Street und zerstört einen Großteil der Innenstadt.

2002: Die Commonwealth Games finden in Manchester statt.

2003: Manchester erhält den Preis der Europäischen Union für den besten Strukturwandel einer europäischen Großstadt.

2011: Die BBC verlegt einen Großteil ihrer Produktion von London in die Salford Quays.

2016: Manchester stimmt beim Referendum mit 60 % zu 40 % für einen Verbleib in der Europäischen Union.

2017: Andy Burnham von der Labour-Partei wird zum ersten direkt gewählten Bürgermeister Manchesters ernannt.

Bei einem Terroranschlag auf ein Konzert in der Manchester Arena verlieren 22 Menschen ihr Leben.

2020: geplante Eröffnung des 110 Millionen Pfund teuren Kulturzentrums The Factory

Leben in der Stadt

Wenn man einen Bewohner Manchesters fragt, wie es sich anfühlt, in Englands zweiter Stadt zu wohnen, dann bekommt man oft mit einem Grinsen zur Antwort: Keine Ahnung, frag einen Londoner. Und es gab eine Zeit, wo Manchester tatsächlich bedeutender und fortschrittlicher war als die Hauptstadt selbst. Der „Clockwork Orange"-Autor Anthony Burgess beschreibt in seiner Autobiografie, wie in der Zeit vor dem Zweiten Weltkrieg eine Reise nach London für einen Einwohner Manchesters „ein Akt der Herablassung" war: „Was die Künste betraf, die Raffiniertheit im Handel und die Wirtschaftsphilosophie, war London einen Tag hinter Manchester zurück." Nach dem Niedergang der Baumwollindustrie verlor Manchester jedoch schnell an Bedeutung und zahlenmäßig lag die Stadt sogar bald nach Birmingham an dritter Stelle. Aber, so argumentieren viele Mancunians, Qualität ist wichtiger als Quantität – und **Qualität** hat Manchester. Spätestens seit die BBC 2011 einen großen Teil ihrer Produktion in die Salford Quays verlegte, wurde deutlich, dass Manchester in Sachen **Kultur, Unterhaltung** und **Gastronomie** eine echte Alternative zu London geworden ist. Schon seit Jahrzehnten gab es einen **„Brain Drain"** von Manchester Richtung Süden: Jeder, der genug Wissen, Talent oder Geld hatte, wanderte in die Hauptstadt ab. Doch langsam dreht sich der Spieß um. Angelockt von den billigeren Hauspreisen und der besseren Lebensqualität wagen immer mehr Londoner einen Neubeginn im Nordwesten des Landes. Ein allzu großer Sprung ist es nicht, dauert die Zugfahrt zwischen den beiden

Städten doch mittlerweile nur noch rund zwei Stunden – nicht viel länger, als viele Hauptstädter brauchen, um zur Arbeit zu pendeln. Der große Aufschwung der letzten Jahre hat allerdings auch seine Kehrseiten: Die **Immobilienpreise** in Manchester steigen mittlerweile schneller als in London und günstiger Wohnraum wird nun auch in der Nordwestmetropole knapp.

Schmelztiegel der Kulturen

Manchester ist bereits seit Jahrhunderten eine **Stadt der Einwanderer.** So stellt eine Wandmalerei in der Great Hall des Rathauses dar, wie sich schon im 16. Jahrhundert flämische Weber in der Stadt niederließen. Die größte Einwanderungswelle begann jedoch mit der Industriellen Revolution und dem damit einhergehenden Bedarf an billigen Arbeitskräften. Etliche Italiener, Deutsche und vor allem Iren zogen damals in die Stadt – rund 20 % der Einwohner Manchesters geben heute an, **irische Wurzeln** zu haben. Ein Blick ins Telefonbuch bestätigt dies: Unzählige O'Reilleys, Murphys und Kellys findet man da. Die nächste Einwandererwelle kam in den 1950er-Jahren. Tausende zogen aus dem auseinanderfallenden Empire her – aus der Karibik, aus Hongkong und vor allem aus Pakistan und Bangladesch. Während sich ein großer Teil der karibischen Einwanderer in der Gegend um Moss Side ansiedelte, zogen viele **Pakistaner** und **Bengalen** in das südliche Stadtzentrum von der Curry Mile bis nach Longsight, aber auch in umliegende Städte wie Oldham, Burnley oder Bradford. Sie machen heute mit 14,4 % die größte Minderheit in Manchester aus.

Zum Ende des 20. Jahrhunderts gab es mehrmals heftige Ausschreitungen zwischen den Bevölkerungsgruppen: So fanden 1981 die sogenannten **Moss Side Riots** statt, wo sich schwarze Jugendliche gegen die ungerechte Behandlung durch die Polizei auflehnten, und 2001 kam es im an Manchester angrenzenden Oldham zu heftigen Krawallen zwischen Polizisten und Teilen der pakistanischen und bengalischen Bevölkerung, die sich bald auf umliegende Städte wie Bradford und Burnley ausweiteten. Seitdem wurde viel für **bessere Integration** getan: Schulen wurden zusammengelegt, um eine Segregation zu verhindern. Es wurde dafür gesorgt, dass ein größerer Anteil an öffentlichen Ämtern von Minderheiten besetzt wird und die Erziehung zur Toleranz und friedlichem Nebeneinander beginnt nun schon in der Vorschule.

Das neue Jahrtausend brachte die vorerst letzte große Einwandererwelle: Nach dem Eintritt Polens in die EU zogen Schätzungen nach über eine halbe Million **Polen** nach Großbritannien. Nach Englisch und Walisisch ist Polnisch heute die am meisten verbreitete Sprache in Großbritannien, und auch in Manchester findet man heute überall polnische Lebensmittelgeschäfte und Bars.

Northerners und Southerners

Es ist wohl kein Zufall: Als Grenze zwischen Nord- und Südengland gilt traditionell die **Watford Gap**, die Kluft von Watford also. Eine Kluft, die zumindest in den Köpfen vieler Engländer genauso einschneidend ist wie der Hadrianswall, der Nordengland von Schottland trennt. Immerhin 15 % aller Southerners haben sich

061ma Abb.: kw

noch nie in den Norden ihres Landes gewagt, während eine ebenso große Zahl an Northerners gerne in den Ferien nach Berlin, Paris oder Barcelona jettet, aber noch nie in London war.

Südengländer, so das Klischee, sind snobistisch, halten sich für kultivierter als der Rest der Bevölkerung und sind von Natur aus „Weicheier". **Nordengländer** hingegen, behaupten ihre südlichen Nachbarn, sind hinterwäldlerisch, ungehobelt, und tragen das ganze Jahr über Schirmmützen, mit denen sie im Dauerregen durch die endlosen, melancholischen Hochmoore Nordenglands streifen und dabei in einem für Südengländer völlig unverständlichen Akzent vor sich hin plappern. Aber das stereotype Bild der englischen Nordlichter hat auch seine positiven Seiten: warmherzig, geistreich und freundlicher als ihre südlichen Nachbarn sollen sie sein, und sehr robust noch dazu. „Wenn es in Nordengland so richtig kalt wird", witzelt die Komikerin Linda Smith, „dann tragen die Frauen halt eine extra Schicht Sonnencreme." Und es stimmt: Je weiter man nach Norden reist, desto weniger kälteempfindlich scheinen die Menschen zu werden – und desto redseliger: Während ein immer wieder genanntes Klischee besagt, dass die meisten Londoner lieber ein Eisbad nehmen würden als mit Fremden reden zu müssen, so ist es in Manchester ganz gewöhnlich, dass der Kassierer einem von seinen Feierabendplänen erzählt oder die Busnachbarin Touristen nach deren Erlebnissen ausfragt. In dem gemächlicheren Tempo des Nordens bleibt noch Zeit für einen „little chat", einen kleinen Plausch also.

Manchester multiethnisch: Auf der Curry Mile **26** *pulsiert arabisches und asiatisches Leben*

Dass die Kluft zwischen Nord und Süd aber keineswegs nur auf Klischees beruht, sieht man auch bei den **Wahlen**: Südengland ist eine Hochburg der Tory-Wähler, während die Konservativen seit der De-Industrialisierung zu Zeiten Margaret Thatchers in Manchester quasi unwählbar sind. 2016 gehörten von 96 Ratsmitgliedern der Stadt 95 der Labour-Partei an und eines den Liberal Democrats. Den Torys fiel kein Sitz zu.

Finanziell ist es um den Norden des Landes weitaus weniger gut bestellt als um den Süden. Die Löhne sind niedriger, die Lebenserwartung ebenso und die Arbeitslosenquote höher, während die Immobilienpreise in Nordengland denen im Süden um Vieles hinterherhinken, wenngleich mit Ausnahmen: Begehrte Vororte Manchesters wie Didsbury und Chorlton haben mittlerweile fast mit London aufgeholt und die südlich von Manchester gelegene Grafschaft Cheshire gehört zu den wohlhabendsten Regionen in ganz Großbritannien. Und doch argumentierte das Magazin The Economist 2012, dass die Kluft zwischen Nord- und Südengland sich in den letzten Jahrzehnten in einem solchen Ausmaß vergrößert hätte, dass die beiden Teile mittlerweile wie zwei völlig verschiedene Länder erschienen.

Das knappe Ergebnis des Referendums für ein unabhängiges Schottland 2014 hatte auch Auswirkungen auf den Norden Englands. Während Schottland, Wales und Nordirland in den letzten Jahren immer mehr Unabhängigkeit von London gewonnen haben, hat das politisch fast ebenso weit von Westminster entfernte Nordengland keinerlei Autonomie. Und so werben viele Nordengländer dafür, dass die **politische Dezentralisierung** endlich auch auf die nordenglischen Regionen ausgeweitet wird. Der erste Schritt in diese Richtung ist bereits getan: 2017 erhielt der Großraum Manchester zum ersten Mal genau wie London einen direkt gewählten Bürgermeister.

Anders als die meisten anderen Regionen im Norden Englands stimmten die Mancunians beim **EU-Referendum 2016** mit einer klaren Mehrheit von 60 % zu 40 % für einen Verbleib in der Europäischen Union. Es bleibt zu hoffen, dass der Aufschwung der letzten Jahre durch den geplanten **Brexit** nicht zum Erliegen kommen wird.

„Alright, our kid" – kleines Manc-Wörterbuch

Wer den Manchester-Dialekt nicht auf Anhieb versteht, muss sich keine Sorgen machen: Auch auf Südengländer wirken viele Ausdrücke erst einmal fremd.

- ***barmcake:*** *Brötchen, im restlichen England als „roll" bekannt*
- ***brew:*** *eine Tasse Tee*
- ***chip butty:*** *eine Lokalspezialität – ein mit Pommes belegtes Butterbrot*
- ***chuck, cock, darling, love, sweetie:*** *auch Fremden gegenüber sehr oft benutzte liebevolle Anreden*
- ***dead:*** *verstärkender Einschub wie in „dead good" (super), „dead cold" (eisig)*
- ***our kid:*** *liebevolle Anrede von jüngeren Verwandten oder Freunden*
- ***owt/nowt:*** *etwas/nichts (anstatt des sonst üblichen „something" und „nothing")*
- ***sound/mint/buzzin:*** *toll, super*
- ***tea:*** *bezeichnet nicht nur das Getränk, sondern in Nordwestengland auch das Abendessen*
- ***„You're alright?" – „Yer, you?":*** *typische Begrüßungsformel*

Von Rainy City zu Craney City – eine Stadt im Wandel

Heute ist das Ausmaß des Baubooms im Manchester des 19. Jahrhunderts, der das damals winzige Örtchen innerhalb von wenigen Jahrzehnten in eine der bedeutendsten Weltstädte seiner Zeit verwandelte, kaum noch vorstellbar. Im Vergleich zu damals mag der heutige Wandel fast bescheiden aussehen und doch ist das heutige Manchester ganz ohne Frage eine Stadt im Umbruch.

Kaum eine andere Stadt Großbritanniens hat in den letzten 15 Jahren eine solche Wandlung durchgemacht wie die nordenglische Metropole. Überall wird ausgebaut, umgebaut, modernisiert. Selbst die Finanzkrise der letzten Jahre konnte dem Bauboom kaum Einhalt gebieten – während anderswo viele Projekte zum Stehen kamen, investierte die Stadt in einen weiträumigen **Ausbau der Straßenbahn** und in ein 25 Millionen teures **Kulturzentrum.** Ein Blick von der Bar Cloud 23 (s. S. 81) im Skyscraper Beetham Tower bestätigt es: Die *cranes* (Baukräne) sind überall.

Noch zu Beginn der 1990er-Jahre war die Stadt als düsterer Schatten der einstigen Weltmetropole verschrien, die nach Jahrzehnten der Unterfinanzierung und des industriellen Niedergangs nur noch für eines bekannt war: Tristesse und beständigen Regen. Aber wer die „Rainy City" schon aufgegeben hatte, unterschätzte den Erfindergeist und die „Cando"-Einstellung der Einheimischen. Als 1996 eine **IRA-Bombe** einen großen Teil der Innenstadt zerstörte, sollte ein neues Kapitel anbrechen. Die Bausünden der 1960er-Jahre waren mit einem Mal ausgelöscht, die Regierung in London stellte reichlich Geld für den Wiederaufbau zur Verfügung. Manchester erfand sich neu. Die einstige Baumwollmetropole wurde zum Zentrum der kreativen und digitalen Industrien und als 2002 die **Commonwealth Games** in Manchester stattfanden, erstrahlte die Stadt mit neuem Selbstbewusstsein.

Die Spiele waren ein großer Erfolg und zeigten Manchester von seiner besten Seite: eine Weltstadt mit großem kulturellen Angebot, mit Witz und vor allem viel Charme. Nicht umsonst erhielt die Stadt 2003 von der Europäischen Union den Preis für den **besten Strukturwandel aller europäischen Städte.** Zu Anfang des neuen Jahrtausends hatte außerdem die Sanierung des ehemaligen Hafengebiets an den **Salford Quays** begonnen, das größte Stadterneuerungsprojekt Großbritanniens überhaupt. Das **Lowry-Kulturzentrum** und das **Imperial War Museum** eröffneten schon vor Beginn der Commonwealth Games ihre Türen und der Bau der **MediaCityUK**, wo seit 2011 ein großer Teil der BBC zu Hause ist, machte bald große Fortschritte.

Wer heute durch die Salford Quays spaziert, wird kaum glauben können, dass das futuristische Viertel noch vor 15 Jahren aus nichts als Brachland bestand. Dabei befindet sich die Regeneration der Quays nur in der ersten von fünf Phasen. Wo heute bereits über 13.000 Menschen arbeiten, sollen es bis 2030 schon mehr als doppelt so viele sein. Und wie immer begnügen sich die Mancs nicht mit Mittelmäßigkeit. Schon kommen Pläne auf, Kreuzfahrtschiffe von Liverpool über den Ship Canal in die Salford Quays zu locken und Manchester wieder zu einer wirklichen Hafenstadt werden zu lassen.

Aber die Regeneration beschränkt sich längst nicht nur auf das alte Hafengebiet. Das Viertel **Ancoats**, ehemals erster industrieller Vorort der Welt, war über Jahrzehnte von Verfall und Ruin gezeichnet. Aus den zerbrochenen Fenstern der alten Fabriken spross Unkraut, die Straßen waren verlassen und wurden nach Dunkelheit zur No-go-Zone. Dann trat der lokale Bauträger Urban Splash auf den Plan. Neben den alten Warenhäusern gestaltete er auch das Brachland östlich von Ancoats um den Rochdale Canal herum neu und taufte die Gegend kurzerhand in **New Islington** um – in der Hoffnung, dass die Assoziation mit dem vornehmen Bezirk in Nordlondon reiche Investoren anlocken würde. Das Vorzeigeprojekt New Islingtons ist das **Chips Building**, welches in der Form von aufeinanderliegenden Pommes Frites gebaut und mit den Namen der umliegenden Wasserwege beschriftet ist. Auch der Kanal selbst wurde regeneriert: In der hübschen Marina im Öko-Park **Cotton Field** liegen heute bunte Hausboote und Studenten und Angestellte der nahen Büros picknicken mittags auf den weiten Rasenflächen. An Sommertagen scheint der Wandel von sozialem Brennpunkt zu beliebtem Wohnort vollkommen geglückt zu sein. Aber der Schein trügt ein wenig: Auch acht Jahre nach Bezug der Luxuswohnungen beschweren sich die neuen Bewohner oft über Vandalismus und Pöbeleien von Teenagern aus den angrenzenden Vororten, die von der Gentrifizierungswelle noch nicht erfasst wurden. Aber die Neugestaltung geht weiter und es scheint nur eine Frage der Zeit, bis die Nachfrage nach zentralem Wohnraum die Regeneration auch im armen Nordosten der Stadt vorantreiben wird.

Ein weiterer Stadtbezirk, den es als solchen vor fünfzehn Jahren noch gar nicht gab, ist das neue Finanzzentrum **Spinningfields** zwischen der Straße Deansgate und dem Fluss Irwell, wo sich heute einige der angesagtesten Restaurants und Bars Manchesters befinden. In dem Stadtteil, der abwechselnd mit Londons Finanzviertel Canary Wharf und der

☑ *Blick vom Aussichtsturm des Imperial War Museum North (s. S. 49) über die Salford Quays*

023ma Abb.: ar

Edel-Einkaufsgegend Knightsbridge verglichen wird, sind seit 2001 zwölf neue Glashochhäuser entstanden, in denen Banken und Versicherungen untergebracht sind. 2017 wurde Number One Spinningfields eröffnet, ein 15-Etagen-Glasbau des Architekten Ian Simpson, der bereits das Fußballmuseum und den Beetham Tower entwarf. Auch das ehemalige Areal des Fernsehsenders Granada, der 2013 in die MediaCityUK umzog, ist im Umbruch: Hier soll 2019 ein 110 Millionen Pfund teures Kunst- und Kulturzentrum eröffnet werden, welches nach dem Kult-Plattenlabel der Stadt benannt ist: Factory.

Um eine ähnliche Symbiose aus Kultur und Kommerz geht es auch in dem **First-Street-Projekt.** Hier öffnete 2015 das 25 Millionen Pfund teure Kunst- und Kulturzentrum **HOME** (20) seine Türen, woraufhin sich in dessen unmittelbarer Nähe rasch mehrere hochkarätige Restaurants und Hotels niederließen. In einer Zeit, wo in Großbritannien vielen Kulturinstitutionen das Geld abgedreht wird, ist der Bau von HOME ein kleines Wunder und zeugt von der Voraussicht der Stadtplaner, die auf den Wert der Künste für die Weiterentwicklung Manchesters baut.

Das ehrgeizigste Bauprojekt aber ist ein 800 Millionen Pfund teures Projekt der Co-op-Gruppe, die seit 1843 in Manchester ansässig ist. **NOMA**, kurz für North Manchester, soll die bisher verwahrloste Gegend nördlich des Bahnhofes Victoria in einen trendigen, neuen Stadtteil verwandeln. Das Herzstück des neuen Viertels ist das Gebäude **One Angel Square**, welches bereits 2013 fertiggestellt und mit etlichen Preisen für umweltgerechtes Bauen ausgezeichnet wurde. Auf dem umliegenden, rund 8 Hektar großen Areal sollen in den nächsten zehn Jahren weitere Büroräume, Wohnungen, Geschäfte, Hotels und öffentliche Plätze entstehen – ein völlig neuer Stadtteil quasi.

Aber so ambitioniert all diese Projekte sein mögen, werden sie doch von den Plänen der Landesregierung in den Schatten gestellt. Spätestens seit dem knappen Ergebnis des Referendums für ein unabhängiges Schottland hat die Regierung in London eingesehen, wie unbeliebt die starke Zentralisierung Großbritanniens im Rest des Landes ist. Anstatt immer mehr Geld in die Londoner Wirtschaft zu pumpen, sollen nun die großen Städte Nordenglands in einer **„Super City Nord“** vereint werden, die zukünftig ernsthaft mit London konkurrieren kann. Die kombinierte Bevölkerungszahl von Manchester, Liverpool, Sheffield und Leeds entspricht in der Tat der des Großraums London, und neue Hochgeschwindigkeitsverbindungen sollen jetzt die einzelnen Städte so eng zusammenführen, dass sie wirtschaftlich wie eine einzige Großstadt agieren können. Auf der Strecke von Manchester nach Liverpool ist dies bereits geschehen: Seit Ende 2014 dauert die Zugfahrt nun nur noch 30 Minuten und sie liegt somit weit unter der Pendelzeit vieler Londoner. Ob die wagemutigen Pläne für die Super City Gestalt annehmen werden, ist schwer vorauszusagen. Aber eines ist sicher: Im Norden Englands tut sich was.

PRAKTISCHE REISETIPPS

045ma Abb.: kw

An- und Rückreise

Mit dem Auto

Autofahrer haben die Wahl, entweder mit der **Fähre** von Calais nach Dover bzw. durch den **Eurotunnel** von Calais nach Folkestone über Südengland anzureisen oder per Fähre direkt nach Nordengland zu fahren (von Rotterdam oder Zeebrugge bis Hull bzw. von Amsterdam bis Newcastle). Für die Fahrt von Südengland nach Manchester sollte man mindestens fünf Stunden einrechnen, während die Fahrt vom Fährhafen **Hull** in Nordengland bei Normalverkehr weniger als zwei Stunden dauern sollte. Gegen die Anreise über Nordengland spricht allerdings die recht kostspielige und lange Fährverbindung von 20 Stunden.

› www.eurotunnel.com
› www.poferries.com
› www.dfdsseaways.co.uk

Von London aus ist es am günstigsten, über die M40, die M42 und dann weiter über die M6 an Birmingham vorbei anzureisen. Zu Staus kommt es besonders in der Berufsverkehrszeit um London und Birmingham herum. Bei Birmingham lohnt es sich dann, auf die als „M6 Toll Road“ gekennzeichnete Mautstraße auszuweichen (Mo.–Fr. Pkw 5,50 £, Sa.–So. 4,80 £).

Vorseite: Die „Black Cabs“ kann man auch per Hand heranwinken

Willkommen in Manchester – der Bahnhof Piccadilly

EXTRAINFO

Nach dem Brexit-Votum

Obwohl Großbritannien 2016 für einen Austritt aus der EU gestimmt hat, bleibt das Land zumindest bis 2019 Vollmitglied der EU. Die Einreisebestimmungen ändern sich bis dahin nicht.

Mit der Bahn

Die schnellste Verbindung nach Manchester verläuft über **Brüssel-Midi**, von wo aus der Eurostar durch den Tunnel direkt nach **London St Pancras** fährt. Von dort läuft man die 300 m bis zum Bahnhof **London Euston** und wechselt in einen der Virgin Trains, die zweimal pro Stunde eine Direktverbindung nach **Manchester Piccadilly** [F4] anbieten (Fahrzeit rund 2 Stunden). Je früher man bucht, desto günstiger sind meist die Fahrkarten. Preise starten bei 9,50 £ für eine einfache Fahrt, kosten bei Kauf kurz vor dem Reisetermin aber schnell mehr als das zehnfache.

Auskünfte über Preise und aktuelle Spartarife erhält man in den Reisezentren der Bahnunternehmen oder online:

› **Deutsche Bahn:** www.bahn.de.
› **National Rail:** www.nationalrail.co.uk
› **Virgin Trains:** www.virgintrains.co.uk

Mit dem Bus

Die Busse der Gesellschaft **Eurolines** fahren bis London, von wo aus der britische **National Express** einen Anschluss nach Manchester anbietet. Für die Strecke von London nach Manchester braucht der Bus je nach Tageszeit 4 bis 6 Stunden. Eine Fahrt kostet ab 10 £ für eine einfache Fahrt. Der **Busbahnhof von Man-**

046ma Abb.: kw

chester befindet sich in der Chorlton Street, ca. 500 m vom Bahnhof Piccadilly entfernt.

- **Eurolines Deutschland:** www.touring.de, Tel. +49 (0) 697903501
- **Eurolines Österreich:** www.eurolines.at, Tel. +43 (0) 17982900
- **Eurolines Schweiz:** www.alsa-eggmann.ch, Tel. +41 (0) 900573747
- **National Express,** www.nationalexpress.com, innerhalb Großbritanniens: Tel. 08457484950, vom Ausland: Tel. +44 (0) 2072785240

•115 [E4] **Busbahnhof von Manchester**

Mit dem Flugzeug

Manchester Airport liegt vierzehn Kilometer südwestlich des Stadtzentrums und ist nach Heathrow und Gatwick der drittgrößte Flughafen Großbritanniens. Er wird von Lufthansa und Swiss sowie zahlreichen Billigfluglinien angeflogen. Wer sich auf Handgepäck beschränkt und früh genug bucht, kann schon Flüge für 30 € pro Strecke bekommen.

- **Manchester Airport,** www.manchesterairport.co.uk
- **Eurowings,** www.eurowings.com
- **Easyjet,** www.easyjet.de
- **Flybe,** www.flybe.com
- **Ryanair,** www.ryanair.de
- **Jet2,** www.jet2.com
- **Lufthansa,** www.lufthansa.de
- **Swiss,** www.swiss.com

Etwa neunmal pro Stunde fährt ein **Zug** vom Bahnhof am Terminal 1 in die City zum Bahnhof Piccadilly [F4]. Die Fahrt dauert rund fünfzehn Minuten und kostet vor 9 Uhr bzw. zwischen 16 und 18.30 Uhr 5 £ für eine einfache Fahrt, außerhalb dieser Zeiten 4,30 £. Etwa alle 12 Minuten fährt außerdem die Straßenbahn **Metrolink** ins Stadtzentrum, allerdings mit vielen Stopps in den südlichen Vororten, weshalb sich diese Variante nur für Besucher lohnt, die sich im Süden Manchesters einquartiert haben. Eine einfache Fahrt kostet 4,20 £.

Die **Buslinie 43** fährt halbstündlich rund um die Uhr in Richtung Stadtzentrum. Die Fahrt dauert rund 60 Minuten und kostet 2,90 £. Wahlweise kann man sich auch ein **Taxi** nehmen, was ca. 25 £ kostet. Wer sich alternativ ein Auto mieten will, findet am Flughafen alle gängigen **Mietwagenfirmen.**

Auch der **Liverpool Airport** liegt günstig für eine Reise nach Manchester. Vom Airport verkehren Busse ins Zentrum Liverpools, von wo es mit der Bahn weitergeht. Die Bahnfahrt dauert rund 35 Minuten und kostet ab 12 £.

› www.liverpoolairport.com

Autofahren

Alle Sehenswürdigkeiten können gut mit öffentlichen Verkehrsmitteln erreicht werden. Möchten Sie Ihren Besuch jedoch mit Reisen in andere Teile von Großbritannien verbinden, bietet ein Auto mehr Flexibilität. **Mietwagen** sind meist günstiger, wenn man sie schon im Voraus im Internet bucht und dann am Flughafen übernimmt.

Um Manchester herum führt die **Ring Road M60**, von der mehrere Einfallstraßen in das Stadtzentrum führen. Das **Parken im Zentrum** kann sehr teuer werden und einige Parkhäuser verlangen ganze 7 £ für 2 Stunden. Im Vergleich dazu sehr günstige Parkplätze befinden sich im Universitätsviertel in der Booth Street West und in der Gravel Lane in Salford, nur 400 m vom Stadtzentrum entfernt.

P116 [C1] **Parkplatz Gravel Lane (Salford),** Mo.–Fr. 3 £ pro Tag, Sa./So. 2,50 £

P117 [E7] **Parkhaus Universitätsviertel,** Booth Street West, Mo.–Fr. 3 £ für 3 Std. oder 10 £ pro Tag, Sa./So. 2 £ pro Tag

P118 [C5] **Parkplatz Q-Park First Street,** Anne Horniman Street, M154FN, www.q-park.co.uk, 2 £/Stunde

In England herrscht **Linksverkehr** und **gestrichelte Doppellinien** und das Schild **„Give Way“** bedeuten, dass man keine Vorfahrt hat.

Auf Autobahnen und zweispurigen Landstraßen beträgt die **Geschwindigkeitsbegrenzung** 70 mph (112 km), auf einspurigen Landstraßen 60 mph (96 km) und in Ortschaften und der Stadt 30 mph (48 km). Es gelten jeweils die Anweisungen auf den Straßenschildern.

Die **Alkoholgrenze** liegt bei 0,8 ‰ und die Benutzung des **Handys am Steuer** ist natürlich verboten. Doppelte gelbe Linien am Straßenrand bedeuten **absolutes Halteverbot,** eine einzelne Linie bedeutet **eingeschränktes Halteverbot. Falschparkern** droht eine Parkkralle, was sehr teuer werden kann.

Bleifreies Benzin heißt *unleaded petrol* und kostet etwa 1,20 £, **Diesel** ca. 1,24 £ pro Liter – Großbritannien ist eines der wenigen Länder, wo Diesel mehr kostet als Benzin. Für den Fall einer **Panne** sollte man sich rechtzeitig um einen **Auslandsschutzbrief** kümmern. Die europäischen Automobilklubs haben meist ein Abkommen mit den zwei größten britischen Verkehrsvereinen AA und RAC.

› **AA-Pannenhilfe:** Tel. 0800 887766

› **RAC-Pannenhilfe:** Tel. 0800 828282

Barrierefreies Reisen

Für Rollstuhlfahrer, Menschen mit Gehör- oder Sehschäden und anderen speziellen Anforderungen ist in Manchester gut gesorgt. Fast alle größeren kulturellen Einrichtungen wie Museen und Theater wurden in den letzten Jahren **behindertengerecht eingerichtet.** Auf den jeweiligen Websites findet man unter den Stichworten „Accessibility“ oder „Disabilities“ genaue Informationen. Auch sind viele Theater und Kinos auf Sehgeschädigte eingestellt und bieten spezielle Aufführungen mit erklärender Tonspur.

Alle **schwarzen Taxis** sind rollstuhlgerecht eingerichtet und auf den meisten Parkplätzen gibt es zudem eine ausreichende Zahl an **Behindertenparkplätzen.**

Auf der Website der Gruppe **Manchester Disabled People's Access Group** finden sich in der Sparte **Accessible Manchester** eine nützliche Sammlung von Links zur Zugänglichkeit aller öffentlichen Einrichtungen, vom Flughafen über Bahnhöfe bis zu Geschäften.

Viele **Busse** verfügen mittlerweile über einen Zugang für Rollstuhlfahrer, dazu gehören auch die kostenlosen Metroshuttle-Busse, die in der Innenstadt verkehren. Wer mit dem **Zug** fährt, kann einen Hilfsdienst in Anspruch nehmen, der u.a. Rampen zum Ein- und Aussteigen bereitstellt. Dies sollte man wenigstens 24 Stunden vorher bei der jeweiligen Bahngesellschaft anmelden. Das Team der überregionalen National-Rail-Enquiries-Hotline leitet einen an die richtige Gesellschaft weiter: Tel. 08457484950 (oder Schreibtelefon für Hörbehinderte: 08456050600).

- **Manchester Disabled People's Access Group,** www.mdpag.org.uk
- **Rail Travel Made Easy,** www.disability-onboard.co.uk. Hilfe für Rollstuhlfahrer, die die Bahn benutzen wollen.
- **DisabledGo,** www.disabledgo.com. Hilfreiche Website zum behindertengerechten Zugang in ganz Großbritannien.
- **Good Access Guide,** www.goodaccessguide.co.uk. Tipps zu behindertengerechten Sehenswürdigkeiten, Hotels, Restaurants usw. in Großbritannien.

Diplomatische Vertretungen

- **Botschaft der Bundesrepublik Deutschland,** 23 Belgrave Square, London, Tel. +44 (0) 2078241300, www.london.diplo.de
- **Österreichische Botschaft,** 18 Belgrave Mews West, London, SW1X 8HU, Tel. +44 (0) 2073443250, www.bmeia.gv.at
- **Schweizer Botschaft,** 16–18 Montagu Place, London W1H 2BQ, Tel. +44 (0) 2076166000, www.eda.admin.ch/london

Elektrizität

Die elektrische Spannung in Großbritannien beträgt **240 Volt,** deutsche Geräte funktionieren dabei einwandfrei. Allerdings benötigt man einen **dreipoligen Adapter,** den man in allen Geschäften, die Haushaltswaren führen, findet. Die meisten Steckdosen haben einen An-/Aus-Schalter.

Geldfragen

In Großbritannien zahlt man weiterhin mit dem **Pfund Sterling.** Ein Pfund (umgangssprachlich: „a quid“) entspricht 100 Pennies.

Mit der **Giro-, Vpay- oder Kreditkarte** kann man in Banken und an Geldautomaten (ATM) Bargeld abheben und inzwischen auch fast überall bezahlen, sofern man seine PIN kennt.

Wer Onlinebuchungen vornimmt, braucht dazu eine Kreditkarte, und auch zur Kautionshinterlegung bei internationalen Autovermietungen sind ist vonnöten (PIN-Nummer bereithalten).

EXTRAINFO

Wechselkurs
(Stand April 2018)

1 £	1,14 €/1,35 SFr
1 €	0,87 £
1 SFr	0,74 £

Manchester preiswert

Großbritannien ist kein billiges Reiseland, aber viele Besucher sind überrascht, wie preiswert ein Besuch Manchesters im Vergleich zu Ausflügen in andere britische Städte ausfallen kann.

- *Die* ***Metroshuttle-Busse*** *fahren Ziele in der Innenstadt kostenlos an.*
- *Der Eintritt in so gut wie alle* ***Museen*** *der Stadt ist gratis.*
- *Selbst teure Restaurants bieten oft ein erschwingliches* ***Mittagsmenü*** *mit zwei oder drei Gängen an.*
- *Viele Pubs und Bars haben von ca. 16 bis 19 Uhr eine* ***Happy Hour,*** *wo Getränkepreise deutlich reduziert sind.*
- *Wer klassische Musik mag, kann unter der Woche bei den* ***kostenlosen Mittagskonzerten*** *der Chetham's School of Music* 14 *und des Royal Northern College of Music (s. S. 86) zuhören.*
- *In* ***Bistro-Bars*** *wie der Soup Kitchen (s. S. 71) oder dem Curryhaus This & That (s. S. 75) kann man für unter 5 £ gut essen.*
- *Das Onlinemagazin* ***Manchester Wire*** *(siehe rechts) verfügt über eine wöchentlich aktualisierte, empfehlenswerte Rubrik, in der kostenlose Veranstaltungen von Pop-Konzerten über Lesungen bis hin zu Ausstellungen aufgelistet werden.*

Informationsquellen

Infostellen zu Hause

Das Britische Fremdenverkehrsamt **Visit Britain** gibt auf seiner Website Auskunft zu allen Aspekten eines England-Urlaubs. Auch kann man dort bereits im Voraus Touren durch die Stadien von Manchester United und City buchen.

- www.visitbritain.com/de/de

Infostellen in der Stadt

ℹ 119 [E3] **Manchester Visitor Information Centre,** 1 Piccadilly Gardens, M1 1RG, Tel. +44 (0)871 2228223, www.visitmanchester.com, Mo.-Sa. 9.30-17, So. 10.30-16.30 Uhr. Prospektmaterial, Hilfe bei der Buchung von Unterkünften, Tickets für Stadttouren, Touren durch die Stadien von Manchester United und City, Tickets für Fußballspiele und Ermäßigungen für das Legoland Discover Centre und Sealife am Trafford Centre.

- An geschäftigen Orten der Stadt wie dem St Ann's Square oder der Market Street patrouillieren tagsüber die sogenannten **City Hosts** durch die Straßen, freundliche Helfer mit schwarz-roter Melone, die Touristen mit Ratschlägen zur Seite stehen.

Die Stadt im Internet

- **www.visitmanchester.com:** Die Internetseite des Tourismusverbandes der Stadt bietet Infos zu Unterkünften, Restaurants und aktuellen Events.
- **www.manchesterconfidential.co.uk:** Das größte Onlinemagazin der Stadt informiert über alle Facetten Manchesters.

Bei Waterstone's (s. S. 91) kann man sich mit allen möglichen Büchern eindecken

047ma Abb.: ar

- **www.creativetourist.com:** Kunst- und Reiseführer für Nordwestengland mit Schwerpunkt Manchester
- **www.manchestereveningnews.co.uk:** Internetplattform der Lokalzeitung Manchester Evening News
- **www.manchesterwire.co.uk:** Internetmagazin mit einer umfassenden Liste an aktuellen Veranstaltungen
- **www.heymanchester.com:** Hier werden kleinere Pop- und Rockkonzerte samt Hörproben vorgestellt.
- **www.ilovemanchester.com:** Onlinemagazin zu Kunst, Gastronomie, Fashion und Musik

Publikationen und Medien

Landkarten

Die besten Karten zu Manchester sind in der Serie „**A-Z**" zu finden und bei den meisten Zeitungshändlern in verschiedenen Größen erhältlich. Für Ausflüge in die Umgebung bieten sich die Karten „**Ordnance Survey Landranger**" an, in denen alle Wanderwege verzeichnet sind.

- www.a-zmaps.co.uk
- www.ordnancesurvey.co.uk

Zeitungen

Die **Manchester Evening News** ist das größte Lokalblatt. Donnerstags und freitags wird die Tageszeitung in der Innenstadt kostenlos verteilt. Die renommierte Zeitung **The Guardian** wurde in Manchester gegründet und hieß noch bis 1959 „The Manchester Guardian". Sie hat zwar heute ihr Hauptquartier in London, wird aber dennoch weiterhin von den Einheimischen gern gelesen.

- www.manchestereveningnews.co.uk
- www.theguardian.com

Smartphone-Apps

- **Get me there:** Offizielle App der Straßenbahn mit Zeiten, Reiseplaner und Onlinetickets (kostenlos für Android und iOS).
- **Manchester Museum:** Die App informiert über Ausstellungen, Öffnungszeiten und spezielle Events (kostenlos für Android, und iOS).
- **Manchester Time Machine:** Mit dieser App lassen sich historische Filmaufnahmen der Stadt abrufen, die auf den eigenen Standort abgestimmt sind (kostenlos für iOS).

Meine Literaturtipps

- *Burgess, Anthony:* ***Little Wilson and Big God,*** *Grove Press, 1987. Die Autobiografie des „Clockwork Orange"-Autors erzählt von seiner Jugend in Manchester.*
- *Cummins, Kevin:* ***Looking for the Light through the Pouring Rain,*** *Faber&Faber, 2012. Porträts der Pop-Ikonen Manchesters.*
- *Gaskell, Elizabeth:* ***Norden und Süden,*** *BoD, 2014. Neuübersetzung des oft verfilmten viktorianischen Klassikers.*
- *Haslam, Dave:* ***Manchester, England: The Story of a Pop Cult City,*** *Fourth Estate, 2000. Der berühmte DJ und Journalist Haslam gibt interessante Einblicke in die Popkultur der Stadt.*
- *Hunt, Tristram:* ***Friedrich Engels,*** *Propyläen Verlag, 2012. Die Biografie beschreibt spannend und ausführlich Engels' Jahre in Manchester.*
- *McDermid, Val:* ***Abgeblasen: Ein Fall für Kate Brannigan,*** *Knaur, 2012. Privatdetektivin Brannigan durchkämmt ganz Manchester auf der Suche nach einer verschwundenen Sängerin.*
- *Rogers, Bill:* ***The Cleansing,*** *Caton Books, 2014. Detektiv Tom Caton ist auf der Spur eines als Clown verkleideten Mörders, der in Manchester sein Unwesen treibt.*
- *Winterson, Jeanette:* ***Warum glücklich statt einfach nur normal?*** *Hanser Berlin, 2013. Die aus Manchester stammende Autorin erzählt bewegend, aber auch unglaublich komisch von ihrer Jugend.*

- **Manchester Evening News:** Die offizielle App der städtischen Lokalzeitung informiert über aktuelle Events (kostenlos für Android und iOS).
- **iManchester:** Obwohl die App der University of Manchester eigentlich für Studenten gedacht ist, eignet sie sich dank vieler Infos zu Veranstaltungen auch bestens für Besucher (kostenlos für Android und iOS).
- **StreetCarsTaxi:** praktische App von einem der größten Taxiunternehmen der Stadt. Nachdem man ein Taxi bestellt hat, kann man per Tracker sehen, wo sich das Taxi gerade befindet (kostenlos für Android und iOS).

Internet und Internetcafés

Kostenloses WLAN (WiFi) ist in den meisten Bars, Cafés und Hotels selbstverständlich. Über das Netz **_FreeBeeMcr** hat man außerdem fast überall in der Stadtmitte 30 Minuten kostenlosen Internetzugang. Wem das zu kurz ist, der kann stattdessen in der **Central Library** 5 so lange gebührenfrei surfen, wie das Herz begehrt, entweder auf dem eigenen Gerät oder auf einem der 170 PCs und Macs, die Besuchern kostenlos zur Verfügung stehen.

Wem die Öffnungszeiten der Central Library nicht passen, der findet in Chinatown 29 mehrere Internetcafés, von denen das L2K am längsten geöffnet ist.

@120 [D4] **L2K Internet Gaming Cafe,** 32 Princess Street, M14LB, www.l2k.co.uk, geöffnet: tägl. 11–22 Uhr

Für Kinder gibt es im Manchester Museum 23 viel zu entdecken

Maße und Gewichte

Das **metrische System** wurde zwar in Großbritannien schon vor einiger Zeit eingeführt, aber viele Werte werden weiterhin in den alten Maßeinheiten angegeben.

- 1 inch = 2,54 cm
- 1 mile = 1,609 km
- 1 ounce = 28,35 g
- 1 pound = 453,6 g
- 1 pint = 0,57 l

Medizinische Versorgung

Mit der Europäischen Gesundheitskarte (EHIC) wird man in allen Zentren des **National Health Service (NHS)** kostenlos behandelt. Bei Notfällen begibt man sich in eine **Notaufnahme** („Accident and Emergency", kurz: „A&E").

Nachtapotheken gibt es nicht, aber die meisten Supermärkte und Eckläden verkaufen nicht verschreibungspflichtige Medikamente. Die A&A-Apotheke in Rusholme ist tägl. bis 22.30 Uhr (So. 22 Uhr) geöffnet und schnell mit dem Bus 42 zu erreichen.

- ✚121 [dj] **Manchester Royal Infirmary,** Oxford Road, M139WL, Tel. 2761234
- ✚122 [di] **University Dental Hospital,** Higher Cambridge Street, M156FH, Tel. 2756666. Zahnärztlicher Notdienst Mo.–Fr. 8.30–16.30 Uhr.
- **NHS 111 Service:** Der telefonische Notdienst kann unter der Nummer 111 zu jeder Tages- und Nachtzeit ärztliche Notdienste vermitteln.
- ✚123 [dj] **A&A Pharmacy,** 58 Wilmslow Road, Rusholme, Tel. 2248501

Mit Kindern unterwegs

Manchester ist eine Stadt, die auch Kindern viel Spaß machen wird. Alle größeren Museen haben sich hervorragend auf junge Besucher eingestellt. In der **Manchester Art Gallery** 6 erhalten Kinder von 3 bis 6

546ma Abb.: ar

Jahren zum Beispiel kostenlos einen „Explorer Tool Belt“ (Werkzeuggürtel) mit Lupe, Fernglas, Stiften und Suchbildern. Ähnlich im **People's History Museum** 16, wo Kinder ein „Busy Bee Explorer Pack“ mit Fingerpuppe, Taschenlampe usw. bekommen. Zudem liegen überall im Museum Kostüme aus, die die Kinder anprobieren dürfen.

Im **Manchester Museum** 23 haben Kindern vor allem am Vivarium mit etlichen Fröschen, Amphibien und Schlangen Freude, aber spannend sind auch die Mumien und das lebensgroße Dinosauriergerippe. Das **Museum of Science and Industry** 18 macht Kindern vielleicht sogar mehr Spaß als den Eltern. Hier können sie in alte Flugzeuge steigen, durch viktorianische Abwässerkanäle laufen, etliche interaktive Stationen ausprobieren und mit der Dampfbahn vom ältesten Passagierbahnhof der Welt losfahren.

In der **Central Library** 5 gibt es im Untergeschoss eine gemütliche, große Spielecke mit Spielzeug und vielen Büchern, allerdings natürlich nur auf Englisch.

Bei schönem Wetter lohnt sich ein Ausflug zum **Heaton Park** (s. S. 92) mit seinem Streichelzoo und den Ruderbooten. Setzt der berühmte Regen Manchesters ein, kommt vielleicht auch ein Ausflug zum **Trafford Centre** 41 in Frage, wo man die Wahl hat zwischen dem **Lego Discovery Centre**, dem **Aquarium Sea World** und dem riesigen **Spielzentrum Play Factore**.

Einige **Restaurants** wie z. B. das Artisan (s. S. 69), Jamie's Italian (s. S. 74) oder Prezzo (s. S. 75) bieten ein spezielles Kindermenü. Ob der Nachwuchs mit in den **Pub** darf, hängt vom jeweiligen Pub-Management ab. Viele geschäftige City-Centre-Pubs sind für Kinder unter 16 eher ungeeignet, bei anderen ist der Besuch kein Problem. Bei den meisten dürfen Minderjährige bis 19 Uhr mit dabei sein. Besonders kinderfreundlich sind die Pubs im Vorort Chorlton, da hier viele junge Familien wohnen. In der **Beech Road** 42 gibt es eine Reihe von Pubs, wo selbst Babys gern gesehen sind. Auch **The White Lion** (s. S. 80) in Castlefield ist bei gutem Wetter für Kinder geeignet, da sie gleich nebenan in den angrenzenden römischen Ruinen spielen können.

EXTRATIPP

Hunderennen

Windhundrennen hat lange Tradition in England und die geschäftige Atmosphäre im alten Stadion von Belle Vue wirkt auch auf Kinder ansteckend.

•124 [fj] **Belle Vue Greyhound Stadium,** Kirkmanshulme Lane, Gorton M187BA (Anreise: Bus 201 von Piccadilly Gardens), www.lovethedogs.co.uk, Fr./Sa. 19–22 Uhr, Erw. 7 £, Kinder von 12 bis 17 Jahre 3,50 £, Kinder unter 12 Jahren kostenlos

Notfälle

Polizei, **Ambulanz** und **Feuerwehr** können unter den **Notrufnummern 999** oder **112** erreicht werden. Für weniger bedrohliche Fälle gilt die **Police non-emergency number** 101. Eine **Polizei-Infostelle**, die rund um die Uhr offen ist, befindet sich am Rathaus.

125 [D4] **City Centre Public Enquiry Counter,** Ground Floor, Mount Street Elevation, Town Hall Extension, M25DB

Kartensperrung

Bei **Verlust der Debit/Giro-, Kredit- oder SIM-Karte** gibt es für Kartensperrungen eine **deutsche Zentralnummer** (unbedingt vor der Reise klären, ob die eigene Bank bzw. der jeweilige Mobilfunkanbieter diesem Notrufsystem angeschlossen ist). **Aber Achtung:** Mit der telefonischen Sperrung sind die Bezahlkarten zwar für die Bezahlung/Geldabhebung mit der PIN gesperrt, nicht jedoch für das **Lastschriftverfahren mit Unterschrift.** Man sollte daher auf jeden Fall den Verlust zusätzlich **bei der Polizei zur Anzeige bringen,** um gegebenenfalls auftretende Ansprüche zurückweisen zu können.

In **Österreich** und der **Schweiz** gibt es keine zentrale Sperrnummer, daher sollten sich Besitzer von in diesen Ländern ausgestellten Debit- oder Kreditkarten vor der Abreise bei ihrem Kreditinstitut über den zuständigen Sperrnotruf informieren.

Generell sollte man sich immer die **wichtigsten Daten** wie Kartennummer und Ausstellungsdatum **separat notieren,** da diese unter Umständen abgefragt werden.

› **Deutscher Sperrnotruf:** Tel. +49 116116 oder Tel. +49 3040504050
› **Weitere Infos:** www.sperr-notruf.de

Öffnungszeiten

Geschäfte in den **Haupteinkaufsbezirken** um die Market Street herum haben Mo.–Fr. 9–20 Uhr, Sa. 9–19 Uhr und So. 12–18 Uhr geöffnet. Große **Supermärkte** haben oft bis 23 Uhr geöffnet, genauso kleine **Eckläden. Banken** sind in der Regel Mo.–Fr. 9–16.30 Uhr geöffnet, größere Filialen außerdem Sa. 9.30–13 Uhr.

Post

Während **Briefmarken** für die Beförderung innerhalb Großbritanniens in den meisten Supermärkten und Eckläden erhältlich sind, bekommt man Marken für das Ausland meist nur im Postamt.

Das **Porto** für Briefe und Karten bis 20 g nach Europa kostet einheitlich 1,05 £.

✉126 [D3] **Hauptpostamt (Post Office),** 26 Spring Gardens, M21BB, Mo.–Fr. 9–18 Uhr, Sa. 9–17.30 Uhr

Radfahren

Wie auch in anderen britischen Städten sieht man in Manchester eher wenige Radfahrer, obwohl es beispielsweise entlang der Kanäle durchaus schöne Fahrradwege gibt. Doch vor allem junge Leute erobern mit ihren Rennrädern zunehmend auch die Straßen.

Wer es ausprobieren möchte: Die orangen Mieträder der Firma **Mobike** finden sich über die ganze Innenstadt verteilt. Nach dem Herunterladen einer App und dem Zahlen einer Kaution von 49 £ kostet eine halbstündige Fahrt nur 50 Pence.

Manchester Bike Hire liefert Räder zu beliebigen Standorten in der Stadt. Der Tagespreis liegt bei 20 £ für ein Rad bzw. 35 £ für zwei und einer Kaution von 100 £.

Transport for Greater Manchester hat eine hilfreiche Website mit speziellen Karten für Radfahrer und einem Routenplaner.

› **Mobike,** www.mobike.com/uk
› **Manchester Bike Hire,** www.manchesterbikehire.co.uk
› **Transport for Greater Manchester,** http://cycling.tfgm.com

Infos für LGBT+

Das liberale Manchester gilt als eine der schwulen- und lesbenfreundlichsten Städte Europas.

Die hübsche Canal Street 30 ist das Zentrum des großen Gay Village und zieht mit seinen vielen Bars und Klubs auch zahlreiche heterosexuelle Besucher an. Besonders am Wochenende wird hier bis in den Morgen gefeiert.

Ende August findet das Pride Festival mit seiner bunten, fröhlichen Parade durch die Innenstadt statt. Auch Transsexuelle haben in Manchester ein eigenes Festival, das Sparkle genannt wird.

Bars, Klubs und Pubs

127 *[E4]* ***The Eagle,*** *15 Bloom Street, Gay Village, M13HZ, www.eaglemanchester.com. Beliebter Schwulenklub, der am Wochenende bis 6 Uhr morgens geöffnet ist.*

128 *[E4]* ***The Molly House,*** *26 Richmond Street, Gay Village, M13NB, www.themollyhouse.com. Auf den drei Etagen des Molly House finden sich ein freundlicher Pub, ein gemütliches Café mit einer guten Auswahl an internationalen Zeitungen und eine Tapas-Bar, in der es sich gut und günstig essen lässt.*

129 *[E4]* ***Vanilla,*** *39–41 Richmond Street, Gay Village, M13WB, www.vanillagirls.co.uk. Eine der wenigen Bars der Stadt, die speziell auf Lesben ausgerichtet ist.*

130 *[E4]* ***Via,*** *28–30 Canal Street, Gay Village, M13EZ, www.viamanchester.co.uk. Immer gut besuchter Schwulenklub, am Wochenende mit DJs, Mi./Do. Drag Queen Show und unter der Woche andere Events.*

Informationen

- ***Lesbian and Gay Foundation,*** *www.lgf.org.uk*
- ***Manchester Pride,*** *www.manchesterpride.com*
- ***Sparkle,*** *www.sparkle.org.uk*

063ma Abb.: kw

Sicherheit

Manchester ist ein **sicheres Reiseziel** und die Kriminalitätsrate liegt z. B. weiter unter der von London. Es gelten jedoch die gleichen Regeln wie in allen Großstädten: Im Einkaufsgedränge und bei Großveranstaltungen ist **Vorsicht vor Taschendieben** geboten und Wertgegenstände sollten nicht im Auto zurückgelassen werden. Auch ist es ratsam, **bei Dunkelheit** möglichst nur Geldautomaten in belebten Straßen zu benutzten. Bestimmte Bezirke im Nordosten der Stadt wie **Cheetham Hill** oder **Moston**, in die sich Touristen aber nur in Ausnahmefällen verirren werden, haben einen schlechten Ruf, was Drogendelikte und Diebstähle angeht. Hier sollte man nach der Dunkelheit Vorsicht walten lassen.

062ma Abb.: kw

Stadttouren

Manchester Walking Tours

Themen-Spaziergänge mit einheimischen Reiseführern sind eine gute Art, die Stadt besser kennenzulernen. Der „Discover Manchester Walk" der **Manchester Guided Tours Company** beginnt täglich um 11 Uhr vor der Central Library ❺ und bietet einen guten Überblick über die wichtigsten Sehenswürdigkeiten der Stadt. Zusätzlich kann man etliche Touren zu spezifischen Themen wie der Musikgeschichte der Stadt machen und private Touren auch auf Deutsch buchen. Beliebt ist auch eine Tour durch das unterirdische Manchester.

New Manchester Walks bietet ein ebenso breit gefächertes Angebot: von einer Marx-und-Engels-Tour bis zu literarischen *pub walks* und eingehenden Führungen durch spezifische Gebäude der Stadt wie z. B. die Rylands Library ⓯.

Für die Rundgänge beider Gesellschaften zahlen Erwachsene 8 £. Die Touren dauern jeweils zwischen 90 Minuten und zwei Stunden und sollten möglichst im Voraus online gebucht werden.

› www.manchesterguidedtours.com
› www.newmanchesterwalks.com

Sightseeing Bus Tours

Bequem lässt sich die Stadt bei einer **Hop-on/Hop-off-Bustour** erkunden. Der Bus fährt alle wichtigen Ziele der Innenstadt, die Salford Quays und das Stadion von Manchester United an. Die 80-minütige Tour startet dreimal täglich (10.30 Uhr, 12 Uhr und

Trotz ihres manchmal martialischen Aussehens sind auch die Wachmänner höfliche Leute

Das „Gay Village" ist „out and proud"

052ma Abb.: ar

14 Uhr) am Albert Square 2. Der Bus hält an 15 verschiedenen Sehenswürdigkeiten, an denen man je nach Wunsch aussteigen und später wieder zusteigen kann. Tickets können beim Fahrer gekauft werden und kosten 12 £ für Erwachsene, 6 £ für Jugendliche und 25 £ für Familien (www.sightseeingmanchester.com).

Kanalkreuzfahrten

Bei einer Bootstour über das ausgedehnte Kanalsystem der Stadt lernt man Manchester aus einem ungewöhnlichen Blickwinkel kennen. **City Centre Cruises** bieten u. a. eine 2 Std. 30 Min. lange Rundfahrt zu den Salford Quays, inkl. *afternoon tea.* Tickets können für ca. 23 £ über Quay Tickets (www.quaytickets.com) gebucht werden. Die Fahrt beginnt am Castlefield Hotel (s. S. 123) in der Liverpool Street. Auch Fahrten zum Stadion von Manchester United 39 und Touren inklusive Abendessen werden angeboten.

Es gibt sie noch: die berühmten roten Telefonzellen

Manchester River Cruises bietet kürzere Fahrten von nur 45 Minuten Länge von der Media City 37 aus an. Die Fahrt führt an den Salford Quays und dem Fußballstadion Old Trafford vorbei. Erwachsene zahlen 9 £, Kinder 5 £ und Senioren und Studenten 8 £.

- www.citycentrecruises.co.uk, Tel. 9020222
- www.quaytickets.com, Tel. 0843 2080500
- www.manchesterrivercruises.com, Tel. 07906301222

Telefonieren

Öffentliche **Telefonzellen** *(payphones)* finden sich unter anderem an den drei Bahnhöfen Piccadilly, Oxford Road und Victoria und akzeptieren meist sowohl Kreditkarten als auch Münzen. Deutsche **Handys** (auf Englisch: *mobiles*) funktionieren problemlos. Seit Mitte 2017 gibt es in der EU keine Roaminggebühren mehr. Damit wird das Telefonieren und Surfen mit dem Handy im EU-Ausland so günstig wie zu Hause – es sei denn, man nutzt das Handy im Ausland über einen längeren Zeitraum hinweg, dann können je nach Anbieter Nutzungsobergrenzen gelten.

Vorwahlen

- **Manchester:** 0161 (muss innerhalb des Stadtgebietes von Festnetzanschlüssen aus nicht mitgewählt werden)
- **England:** 0044
- **Deutschland:** 0049
- **Österreich:** 0043
- **Schweiz:** 0041

Uhrzeit

In Großbritannien gilt die **Greenwich Mean Time** (GMT), die sich der Sommer- bzw. der Winterzeit anpasst. Besucher aus Mitteleuropa müssen ihre Uhren um **eine Stunde zurückstellen.**

Briten teilen den Tag gewöhnlich in 2x12 Stunden auf, wobei die Ausdrücke a.m. und p.m. (ante/post meridiem) angeben, ob die Stunden vor dem Mittag oder danach gemeint sind. Von 0 bis 11 Uhr spricht man von **a.m.**, von 12 bis 23 Uhr von **p.m.**

Unterkunft

Das Hotelgewerbe Manchesters hat in den letzten 20 Jahren einen riesigen Boom erlebt, der noch weiter anhält. Besonders in der Gegend um den Bahnhof Piccadilly sind in den letzten Jahren anspruchsvolle **Hotels im 4-Sterne-Bereich** wie Pilze aus dem Boden geschossen. Seit 2006 hat sich die Zahl der Hotelzimmer mehr als verdoppelt und viele weitere Gasthäuser sind bereits in Planung – dennoch sind bei größeren Veranstaltungen 90% aller Betten belegt. Für Reisende, die sehr auf den Preis bedacht sind, gibt es mehrere gute **Jugendherbergen** und **Backpacker-Quartiere.**

Hotelketten sogenannter **Budget-Hotels** wie Ibis oder Novotel bieten einen guten Standard an Komfort zu günstigen Preisen. Wer sich verwöhnen will, kommt bei **Boutiquehotels** wie dem Great John Street Hotel oder Malmaison gut unter.

Die meisten **Bed and Breakfasts** (B&Bs), die eine sehr viel persönlichere Atmosphäre vermitteln, liegen in den Vororten, sind aber oft in wenigen Minuten per Metrolink zu erreichen. Eine zentral gelegene Alternative ist The Oxnoble, das geschmackvoll eingerichtete Räume im ruhigen Castlefield vermietet.

Für Gäste, die länger als eine Nacht bleiben und auch für Familien sind **Aparthotels** wie Roomzzz oder The Light Aparthotel eine gute Alternative. Sie haben neben Schlafzimmern eine gut ausgestattete Küche, sodass man viel Geld beim Ausgehen sparen kann.

Vor allem während Heimspielen von United und City und anderen Großveranstaltungen sollte man mindestens einen Monat **im Voraus buchen.** Die Preise schnellen während Festivals und Fußballspielen in die Höhe, während man in der Nebensaison oft günstige Schnäppchen findet. Besonders gute Angebote gibt es oft auf Preisvergleichswebsites.

Hotels

131 Abbey Lodge ££, 501 Wilbraham Road, M210UJ, www.abbey-lodge.co.uk, Metrolink: Chorlton. **Ruhig und persönlich:** komfortables B&B im angesagten Vorort Chorlton. Im Preis inbegriffen sind Frühstück, WLAN und die Mitbenutzung des schönen Gartens.

132 [B4] **Castlefield Hotel** £, Liverpool Road, M34JR, Tel. 8327073, www.castlefield-hotel.co.uk. **Perfekt für Aktive:** Gäste dieses schön am Bridge-

Preiskategorien

Die Preiskategorien beziehen sich auf die Preise pro Doppelzimmer pro Nacht (nicht alle Preise schließen ein Frühstück mit ein).

£	15 bis 40 £
££	40 bis 110 £
£££	ab 110 £

water Canal gelegenen Hotels können kostenlos den großen Pool und das Fitnesszentrum nutzen. Alle Zimmer verfügen über TV und WLAN. Parkplatz gratis.

133 Didsbury House Hotel ££, 1 Didsbury Park, Didsbury, M205LJ, Tel. 4482200, www.eclectichotels.co.uk/didsbury-house. **Vorstadtidylle im Grünen:** Das Boutiquehotel im vornehmen Didsbury bietet individuell gestaltete Zimmer von einfach bis luxuriös. Neben kostenlosem WLAN ist die Benutzung des Fitnessraums und der hübschen Terrasse mit eingeschlossen. Didsbury mit seinen schönen Weinbars und Pubs ist mit der Straßenbahn und dem Zug gut an das Zentrum angebunden.

134 [F4] **DoubleTree by Hilton Hotel Manchester – Piccadilly** ££, 1 Piccadilly Place, M13DG, Tel. 2421000, http://doubletree3.hilton.com/en/hotels/united-kingdom/doubletree-by-hilton-hotel-manchester-piccadilly-MANP-DDI/index.html. **Erschwinglicher Luxus direkt im Zentrum:** Das elegante Hotel steht gegenüber dem Bahnhof Piccadilly. Jedes der 285 Zimmer ist mit einem iMac und kostenlosem WLAN ausgestattet. Schön sind die großen Fenster vom Boden bis zur Decke. Zum Hotel gehört ein Wellnesscenter, ein Restaurant und Bars mit Panoramablick über die Stadt.

135 [B4] **Great John Street Hotel** £££, Great John Street, M34FD, Tel. 8313211, www.greatjohnstreet.co.uk. **Wohlfühlen und Genießen:** Die 30 luxuriösen Zimmer sind mit handgeschnitzten Möbeln im Vintage-Stil ausgestattet. Das Hotel hat eine schöne Dachterrasse mit Whirlpool und besticht durch sein erholsames, ruhiges Ambiente.

136 [ai] **Hotel Football** ££, 99 Sir Matt Busby Way, M16 0SZ, www.hotelfootball.com. **Perfekt für Fußballfans:** Das Hotel der früheren United-Stars Ryan Giggs und Gary Neville befindet sich direkt gegenüber dem Man-United-Stadion. Und wer nicht nur gern zuschaut, sondern selbst spielen will, kann das auf dem Fußballplatz auf der Dachterrasse im 10. Stock tun – immer mit Sicht auf das Theater der Träume.

137 [D4] **ibis Manchester Centre Portland Street** £, 96 Portland Street, M14GX, Tel. 6199000, www.ibis.com. **Sauber und zweckmäßig:** Alle Räume dieses Budget Hotels am Rande von Chinatown haben TV und WLAN. Zum Hotel gehört ein zu jeder Tages- und Nachtzeit geöffnetes Café. Ermäßigungen für das Parkhaus hinter dem Hotel im Preis eingeschlossen.

138 [F3] **Malmaison** £££, 1–3 Piccadilly, M13AQ, Tel. 08446930657, www.malmaison.com. **Stilvoll und zentral:** Das

Im Hotel Football übernachtet man in Sichtweite zum Stadion von Manchester United

056ma Abb.: hf

Malmaison ist in einer schönen ehemaligen Textilfabrik in der Nähe des Piccadilly-Bahnhofs untergebracht. Bei Online-Buchungen gibt es manchmal günstige Pauschalpreise.

139 [F4] **Motel One Manchester-Piccadilly** ££, 34 London Road, M12PF, Tel. 2005650, www.motel-one.com. **Günstig und zentral:** 2015 eröffnete die deutsche Budget-Kette in idealer Lage direkt am Bahnhof Piccadilly ihr erstes Hotel in Manchester. Die Zimmer sind sehr ruhig, sauber und schön eingerichtet und verfügen über kostenloses WLAN.

140 [E4] **New Union Hotel** ££, 111 Princess Street, M16JB, Tel. 2281492, www.facebook.com/NewUnionHotel-Showbar. **Gayfreundlich und offen:** Mitten im quirligen Schwulenviertel bietet dieses Hotel auch Gruppenzimmer für bis zu fünf Personen an. WLAN kostenlos.

141 [D4] **Novotel Manchester Centre** ££, 21 Dickinson Street, M14LX, Tel. 6199003, www.novotel.com. **Zentral, modern, bequem:** Hier kann man sich wohlfühlen. Jedes Zimmer hat TV und kostenloses WLAN. Ein Wellnesscenter mit Sauna, Hamam und Fitnessraum sowie eine Bar gehören zur Ausstattung.

142 [F3] **Premier Inn Manchester City Centre** ££, 72 Dale Street, Piccadilly, M12HR, Tel. 08715279390, www.premierinn.com. **Komfort in guter Lage:** Das Hotel befindet sich gleich um die Ecke vom Bahnhof Piccadilly. Alle Räume sind mit TV, kostenlosem WLAN und Schreibtisch ausgestattet. Es gibt Ermäßigungen für den Parkplatz gegenüber.

143 [bi] **AC Hotel Manchester Salford Quays** ££, 17 Trafford Road, Salford, M53AW, Tel. 8765305, www.marriott.co.uk. **Mitten im schicken Medienviertel:** Direkt an der Metrolink Station MediaCity gelegen, kann man von diesem Hotel aus perfekt die Salford Quays, aber auch das Stadtzentrum erkunden. Die Zimmer sind geschmackvoll eingerichtet, haben kostenloses WLAN und TV. Parkplatz 6,50 £ pro Nacht.

144 [D4] **Roomzzz Aparthotel** ££, 36 Princess Street, M14JY, Tel. 0203 7409561, www.roomzzz.co.uk/Manchester-city. **Die eigenen vier Wände:** Das Aparthotel vermietet zu erschwinglichen Preisen kleine Apartments in der Nähe von Chinatown. Online finden sich oft günstigere Angebote. Alle Apartments haben eine gut ausgestattete Küche und kostenloses WLAN.

145 **The Lennox Lea Hotel** £, Irlam Road, Sale, M332BH, Tel. 9731764, www.lennoxlea.co.uk. **Perfekt für Familien:** Das historische 3-Sterne-Hotel steht direkt an einem Park mit Spielplatz im grünen Vorort Sale, von wo aus die Innenstadt in zehn Minuten mit der Straßenbahn zu erreichen ist. Zum Hotel gehören auch ein gutes Bistro und ein kostenloser Parkplatz.

146 [D2] **The Mitre** £, 1–3 Cathedral Gardens, M31SW, Tel. 8344128, www.mitrehotel.co.uk. **Schöner Blick auf das mittelalterliche Manchester:** Das

EXTRAINFO

Buchungsportale

Neben Buchungsportalen für **Hotels** (z. B. www.booking.com, www.hrs.de oder www.trivago.de) bzw. für **Hostels** (z. B. www.hostelworld.de oder www.hostelbookers.de) gibt es auch Anbieter, bei denen man **Privatunterkünfte** buchen kann. Portale wie www.airbnb.de, www.wimdu.de oder www.9flats.com vermitteln Wohnungen, Zimmer oder auch nur einen Schlafplatz auf einer Couch. Diese oft recht günstigen Übernachtungsmöglichkeiten sind nicht unumstritten, weil manchmal normale Wohnungen gewerblich missbraucht werden. Einige Städte greifen deshalb regulierend ein.

Mitre befindet sich direkt gegenüber der Kathedrale. Teurere Zimmer sind elegant eingerichet, die günstigeren Räume sind einfach, aber bequem. Zum Hotel gehören auch ein Restaurant und eine Bar mit Sitzgelegenheiten draußen vor der Kathedrale.

147 [B4] **The Oxnoble** £, 71 Liverpool Road, Castlefield, M34NQ, Tel. 8343321, www.oxnoblemanchester.co.uk. **Typisch Britisch:** Die geschmackvoll eingerichteten, ruhigen Zimmer gehören zu einem atmosphärischen Pub, wo es sich gut und günstig essen lässt. Der Pub befindet sich gegenüber dem Museum of Science and Industry im schönen Castlefield. Jedes Zimmer verfügt über einen Fernseher und kostenloses WLAN.

148 [D5] **The Principal** ££, Oxford Street, M607HA, Tel. 2881111, www.phcompany.com/principal/manchester-hotel. **Viel Charakter und Charme:** Das grandiose viktorianische Hotel mit großem Glockenturm befindet sich direkt gegenüber dem Bahnhof Oxford Road. Die 275 bequemen Zimmer mit TV und kostenlosem WLAN wurden allesamt 2016 modernisiert und geschmackvoll eingerichtet.

Jugendherbergen

149 [E2] **Hatters at Hilton Chambers** £, 15 Hilton Street, Northern Quarter, M11JJ, www.hattershostels.com, Tel. 2364414. **Sauber und perfekt gelegen:** Das freundliche Hostel befindet sich wenige Gehminuten vom Bahnhof Piccadilly entfernt mitten im Szeneviertel Northern Quarter. Neben Schlafsälen und einigen Privatzimmern bietet die Herberge eine Gemeinschaftsküche und einen Fernsehraum. Wäsche wird für 5 £ gewaschen, das Frühstück ist im Preis eingeschlossen und in den Gemeinschaftsräumen ist WLAN gratis. Abends werden viele Aktivitäten angeboten. Hatters hat gleich um die Ecke in der Hilton Street eine weitere Herberge, die sich besonders auf junge Backpacker spezialisiert hat.

150 [A4] **YHA Manchester** £, Potato Wharf, Castlefield, M34NB, Tel. 0845, 3719647, www.yha.org.uk/hostel/manchester. **Günstig, sauber und ruhig gelegen:** Die Jugendherberge bietet guten Komfort, auch für ältere Besucher. Ins Stadtzentrum läuft man 10 Minuten. Kostenloses WLAN in den nett gestalteten Gemeinschaftsräumen, TV und kostenlose Parkplätze. Im Bistro lässt es sich gut und günstig essen. Neben Schlafsälen stehen auch drei Privatzimmer zur Verfügung.

Verhaltenstipps

Die Briten sind berühmt für ihr geordnetes **Queuing**, das Schlangestehen also. Selbst für die Busse, die die Fußballfans zu den Stadien bringen, wird geduldig in einer Reihe gewartet und beim Aussteigen bedankt man sich beim Fahrer. Überhaupt wird viel Wert auf die „Ps und Qs" gelegt, die Worte „**please**" und „**thank you**" also (die englische Aussprache des Buchstaben Q klingt dem englischen Danke sehr ähnlich). Wer nach etwas fragt, ohne seiner Bitte ein „please" anzuhängen, wirkt unhöflich. Ebenso entschuldigt man sich mit einem „**sorry**", wenn man auf der Straße angerempelt wird, auch wenn es eigentlich die Schuld des anderen ist.

Mit der Straßenbahn Metrolink (s. S. 130) kommt man schnell in die Vororte

Verkehrsmittel

Der Dachverband aller Nahverkehrsbetriebe ist **Transport for Greater Manchester**, auf dessen Website ein guter Routenplaner zu finden ist. Unter der Traveline-Nummer 08712002233 erhält man von Mo. bis Fr. zwischen 7 und 20 Uhr und an Wochenenden und Feiertagen von 8 bis 20 Uhr telefonische Auskünfte.

› www.tfgm.com

Für Besucher, die eine Kombination von verschiedenen Verkehrsmitteln benutzen wollen, lohnt sich der Kauf einer Variante der **System One Travel Card.** Sie ist für verschiedene Zeiträume von einem Tag bis zu einem Jahr gültig und entweder **online, direkt beim Busfahrer** oder an den **Bahnhöfen erhältlich.** So bietet sich für Besucher, die sowohl die Straßenbahn als auch Busse benutzen wollen, zum Beispiel der Kauf eines „Day Saver Bus&Tram"-Tickets für 6,70 £ an, das ganztägig für das gesamte Straßenbahn- und Busnetz in Greater Manchester gültig ist. Ähnliche Kombinationen gibt es für den Zug- und Busverkehr (6,60 £) oder das gesamte öffentliche Verkehrsnetz (8,60 £).

Auch für Besucher, die verschiedene Busgesellschaften in Anspruch nehmen wollen, lohnt sich der Kauf der System One Travel Card: Ein **„Day Saver Any Bus"-Ticket** kostet 5,20 £ und ist für alle Busse im Großraum Manchester gültig. Günstig ist auch das „Weekender Bus Ticket Single" für eine Person (10 £) oder das „Weekender Bus Ticket Couple" für zwei Leute (15 £), das von Fr. 18 Uhr bis So. 24 Uhr gilt.

Bitte beachten: Die System-One-Tickets sind **bei Zugfahrten** nur außerhalb des Berufsverkehrs gültig, d. h. erst nach 9.30 Uhr und nicht von 16 bis 18.30 Uhr. Für **Straßenbahn- und Busfahrten** gelten sie wochentags von 9.30 Uhr bis Mitternacht und an Wochenenden ganztägig. Für Wochen- und Monatstickets ist ein **Passfoto** nötig, für Tages- und Wochenendtickets jedoch nicht.

› www.systemonetravelcards.co.uk

050ma Abb.: kw

545ma Abb.: ar

Bahn

Neben dem Hauptbahnhof **Piccadilly** [F4] gibt es noch drei weitere Bahnhöfe in der Innenstadt: Vom Bahnhof **Victoria** [D1] fahren Züge Richtung Norden, von **Deansgate** [C5] und **Oxford Road** [D5] aus hauptsächlich in Richtung Liverpool und Wales.

Der Preis eines **Tickets** richtet sich danach, ob man „on peak" (während der Hauptverkehrszeit) oder „off peak" (außerhalb des Berufsverkehrs) fährt, wobei „off peak"-Tickets deutlich günstiger sind. Sie sind nur von 9.30 bis 16 Uhr und 18.30 bis 24 Uhr gültig.

› www.nationalrail.co.uk

Ein riesiges Kunstglasdach überspannt den Bahnhof Victoria

Bus

Die **kostenlosen Metroshuttle-Busse** verkehren auf drei verschiedenen Routen innerhalb des Stadtzentrums. **Linie 1 (orange)** eignet sich besonders für die Einkaufsbezirke, **Linie 2 (grün)** für die Oxford Road und die Uni-Bezirke, während **Linie 3 (lila)** einen Großteil der Hotels anfährt. Linien 1 und 2 verkehren von Mo. bis Fr. zwischen 7 und 19 Uhr, Sa. zwischen 8 und 19 Uhr und So. von 10 bis 18 Uhr. Linie 3 hat die gleichen Fahrzeiten, verkehrt aber nicht an Sonntagen.

Das **restliche Busnetz** kann auf Besucher verwirrend wirken, da wegen der Privatisierung der öffentlichen Verkehrsmittel auf vielen Routen verschiedene Busgesellschaften gleichzeitig verkehren. Die Oxford Road zum Beispiel kann sich damit rühmen, das dichteste Busnetz in ganz Europa zu haben: Sie wird von fünf verschiedenen Gesellschaften bedient.

065ma Abb.: kw

First und **Magic Bus** bieten meist die günstigsten Preise – Einzeltickets kosten rund 1 £ –, wärend Fahrten mit dem **Stagecoach-Bus** von 1,40 bis 3,10 £ kosten. Tagestickets, sogenannte „Dayriders", kosten um die 4 £, gelten aber nur für die jeweilige Busgesellschaft, von der man sie kauft. Das gleiche gilt für Wochenkarten, bei denen die Preise sehr unterschiedlich ausfallen. Der „7 Day Megarider" von Stagecoach kostet 13 £, der „7 Day Magicrider" der Gesellschaft Magic Bus nur 7,50 £, wobei die Stagecoach-Busse sehr viele Vororte anfahren, während der Magic Bus sich auf die Oxford Road beschränkt. Wer verschiedene Busgesellschaften in Anspruch nehmen möchte, ist mit einem „Day Saver Any Bus"-Ticket (s. S. 127) am besten bedient.

Von Mitternacht bis 4 Uhr morgens fahren **Nachtbusse**, die mit einem N vor der Routennummer gekennzeichnet sind, aber meist nur stündlich verkehren. In den Außenbezirken der Stadt gibt es einige **Behelfshaltestellen**, die mit einem „Request Stop" gekennzeichnet sind. Hier muss man dem Busfahrer mit einem **Handzeichen** kenntlich machen, dass man einsteigen will.

Piccadilly Gardens 31 *ist die zentrale Drehscheibe für den gesamten Busverkehr*

Straßenbahn

Die **Metrolink** eignet sich besonders für Ziele außerhalb des Zentrums wie die Salford Quays und viele Vororte. Bahnen fahren tägl. von etwa 5 bis 24 Uhr und **Tickets** müssen vor der Fahrt am Automaten gekauft werden. Einzeltickets für Fahrten in der Innenstadt kosten nach 9.30 Uhr 1,20 £, für Fahrten in die Vororte je nach Distanz bis zu 4,20 £. Tageskarten für das gesamte Metrolink-Netz kosten vor 9.30 Uhr 7 £, nach 9.30 Uhr 5 £ und für ein Wochenendticket 5,80 £. Kinder unter 5 Jahren fahren umsonst.

› www.metrolink.co.uk

Taxis

Die typisch englischen „**Black Cabs**" finden sich an den Taxiständen an den Hauptbahnhöfen, am Piccadilly Gardens 31, Albert Square 2 und St Peter's Square [D4]. Günstiger sind **private Mini-Cabs**, die man telefonisch oder online vorbestellen muss. Zuverlässig sind z. B. Manchester Cars und Union Cars. Am günstigsten sind fast ausnahmslos die Taxis der Online-Vermittlung Uber.

› **Manchester Cars**, Tel. 2283355, www.ilovemanchestercars.co.uk
› **Union Cars**, Tel. 8334141, www.unioncars.co
› **Uber**, www.uber.com

Wetter und Reisezeit

Das **Klima** ist wechselhaft maritim: mild im Winter und mäßig warm im Sommer. Manchesters Spitzname „The Rainy City" ist eigentlich unverdient. Der durchschnittliche **Niederschlag** liegt bei 807 mm im Jahr und ist damit deutlich geringer als in vielen anderen Städten Großbritanniens und Mitteleuropas. Aber da das Wetterschnell umschlagen kann, gehört auch im Sommer **Regenkleidung** ins Gepäck. Am feuchtesten fallen der Oktober, November und Dezember aus, während man die trockensten Tage zwischen Februar und Juli zählt. Mit durchschnittlich 20 °C ist es im Juli und August am wärmsten, während die **Temperaturen** im Winter nur selten unter den Gefrierpunkt sinken.

Manchester ist zu jeder Jahreszeit eine Reise wert, doch die **Hauptreisesaison** beginnt Ostern und endet Anfang November. **Besonders lohnenswert** ist ein Besuch während der warmen Sommermonate sowie im Herbst, wenn die Blätter der Bäume mit den roten Backsteingebäuden um die Wette zu leuchten scheinen und etliche Festivals für ein augezeichnetes kulturelles Angebot sorgen.

Während der größeren **Festivals** sowie bei **Heimspielen von United und City** wird es brechend voll und es ist dann sinnvoll, Hotels oder B&Bs einige Monate im Voraus zu buchen.

Durchschnitt	Wetter in Manchester											
Maximale Temperatur	6°	6°	9°	11°	15°	18°	20°	19°	17°	13°	9°	7°
Minimale Temperatur	1°	1°	2°	4°	7°	10°	11°	11°	9°	7°	3°	2°
Regentage	19	14	17	15	15	14	14	15	15	17	18	18
	Jan	Febr	März	Apr	Mai	Juni	Juli	Aug	Sept	Okt	Nov	Dez

ANHANG

055ma Abb.: ar

Kleine Sprachhilfe

Die folgenden Wörter und Redewendungen wurden dem Reisesprachführer „Englisch – Wort für Wort“ (Kauderwelsch-Band 64) aus dem Reise Know-How Verlag entnommen.

Häufig gebrauchte Wörter und Redewendungen

Zahlen

1	(wann)	*one*
2	(tuh)	*two*
3	(ðrih)	*three*
4	(fohr)	*four*
5	(feiw)	*five*
6	(ßikß)	*six*
7	(ßäwèn)	*seven*
8	(äit)	*eight*
9	(nein)	*nine*
10	(tänn)	*ten*
11	(ihläwèn)	*eleven*
12	(twälw)	*twelve*
13	(ðrtihn)	*thirteen*
14	(fohrtihn)	*fourteen*
15	(fifftihn)	*fifteen*
16	(ßikßtihn)	*sixteen*
17	(ßäwèntihn)	*seventeen*
18	(äitihn)	*eighteen*
19	(neintihn)	*nineteen*
20	(twänntih)	*twenty*
30	(ðrtih)	*thirty*
40	(fohrtih)	*forty*
50	(fifftih)	*fifty*
60	(ßikßtih)	*sixty*
70	(ßäwèntih)	*seventy*
80	(äitih)	*eighty*
90	(neintih)	*ninety*
100	(hanndrid)	*hundred*

Die wichtigsten Zeitangaben

yesterday	(jäßtèrdäi)	gestern
today	(tuhdäi)	heute
tomorrow	(tuhmohrrou)	morgen
last week	(lahßt wihk)	letzte Woche
in the morning	(in ðè mohrning)	morgens
in the afternoon	(in ðih_ ahftèrnuhn)	nachmittags
in the evening	(in ðih_ ihwèning)	abends
Sunday	(ßanndäi)	Sonntag
Monday	(manndäi)	Montag
Tuesday	(tjuhsdäi)	Dienstag
Wednesday	(wännsdäi)	Mittwoch
Thursday	(ðörsdäi)	Donnerstag
Friday	(freidäi)	Freitag
Saturday	(ßättèrdäi)	Samstag

Die wichtigsten Fragewörter

who?	(huh)	wer?
what?	(wott)	was?
where?	(wäèr)	wo?/wohin?
why?	(wei)	warum?
how?	(hau)	wie?
how much?	(hau matsch)	wie viel? (Menge)
how many?	(hau männih)	wie viele? (Anzahl)
when?	(wänn)	wann?
how long?	(hau long)	wie lange?

Die wichtigsten Richtungsangaben

on the right	(on ðè reit)	rechts
on the left	(on ðè läfft)	links
to the right	(tuh ðè reit)	nach rechts
to the left	(tuh ðè läfft)	nach links
turn right/ left	(törn reit/ läfft	rechts/links abbiegen
straight on	(ßträjt on)	geradeaus
in front of	(in front_off)	gegenüber
outside	(autseid)	außerhalb
inside	(inseid)	innerhalb
here	(hi-èr)	hier
there	(ðäèr)	dort
up there	(ap ðäèr)	da oben
down there	(daun ðäèr)	da unten
nearby	(nihrbei)	nah, in der Nähe
far away	(fahr èwäi)	weit weg
around the corner	(raund ðè kohrnèr)	um die Ecke

+++ Die wichtigsten Wörter mit dem Bonus-Audiotrack des Kauderwelsch-

Die wichtigsten Floskeln und Redewendungen

yes	(jäß)	ja
no	(nou)	nein
thank you	(ðänk_juh)	danke
please	(plihs)	bitte
Good morning!	(gudd mohrning)	Guten Morgen!
Good evening!	(gudd ihwèning)	Guten Abend!
Hello! / Hi!	(hällou/hei)	Hallo!
How are you?	(hau ah juh)	Wie geht es Ihnen/dir?
Fine, thank you.	(fein ðänk_juh)	Danke gut.
Goodbye!	(gudd bei)	Auf Wiedersehen!
Have a good day!	(häw_è gudd däi)	Einen schönen Tag!
I don't know.	(ei dount nou)	Ich weiß nicht.
Cheers!	(tschiers)	Prost!
The bill, please!	(ðè bill plihs)	Die Rechnung, bitte!
Congratulations!	(kongrätuläischènß)	Glückwunsch!
Excuse me!	(ikßkjuhs mih)	Entschuldigung!
I'm sorry.	(eim ßorrih)	Tut mir leid!
It doesn't matter.	(itt dahsnt mättèr)	Das macht nichts.
What a pity!	(wott_è pittih)	Wie schade!

Die wichtigsten Fragen

Is there a/an ... ?	(is ðäèr è/ènn ...)	Gibt es ...?
Do you have ... ?	(duh juh häw ...)	Haben Sie ...?
Where is/are ... ?	(wäèr is/ah ...)	Wo ist/sind ... ?
Where can I ... ?	(wäèr kähn_ei)	Wo kann ich ... ?
How much is it?	(hau matsch is_itt)	Wie viel kostet das?
What time?	(wott teim)	Um wie viel Uhr?
Can you help me?	(kähn juh hällp mih)	Können Sie mir helfen?
Is there a bus to ... ?	(is ðäèr è_baß tuh ...)	Gibt es einen Bus nach ...?
How are you?	(hau ah juh)	Wie geht es dir/Ihnen?
What's your name?	(wotts juhr näim)	Wie heißt du/heißen Sie?
How old are you?	(hau ould ah juh)	Wie alt bist du/sind Sie?
Where do you come from?	(wär duh juh kamm fromm)	Woher kommen Sie?
Excuse me?	(ikßkjuhs mih)	Wie bitte?

Nichts verstanden? – Weiterlernen!

I don't speak English.	(ei dount spihk in-glisch)	Ich spreche kein Englisch
Pardon?	(pahdèn?)	Wie bitte?
I don't understand.	(ei dount andèrständ)	Ich habe nicht verstanden
Do you speak German?	(duh juh spihk dschörmèn?)	Sprechen Sie Deutsch?
How do you say that in English?	(hau duh juh säi ðät in in-glisch?)	Wie heißt das auf Englisch?
What does it mean?	(wott dahs_itt mihn?)	Was bedeutet das?

AusspracheTrainers auf PC oder Smartphone lernen (siehe Umschlag hinten) +++

Das komplette Programm zum Reisen und Entdecken

Reise Know-How Verlag

- **Reiseführer** – alle praktischen Reisetipps von kompetenten Landeskennern
- **CityTrip** – kompakte Informationen für Städtekurztrips
- **CityTrip**PLUS – umfangreiche Informationen für ausgedehnte Städtetouren
- **InselTrip** – kompakte Informationen für den Kurztrip auf beliebte Urlaubsinseln
- **Wohnmobil-Tourguides** – alle praktischen Reisetipps für Wohnmobil-Reisende
- **Wanderführer** – exakte Tourenbeschreibungen mit Karten und Anforderungsprofilen
- **KulturSchock** – Orientierungshilfe im Reisealltag
- **Die Fremdenversteher** – kulturelle Unterschiede humorvoll auf den Punkt gebracht
- **Kauderwelsch Sprachführer** – vermitteln schnell und einfach die Landessprache
- **Kauderwelsch plus** – Sprachführer mit umfangreichem Wörterbuch
- **world mapping project™** – aktuelle Landkarten, wasserfest und unzerreißbar
- **Edition Reise Know-How** – Geschichten, Reportagen und Abenteuerberichte

Reisen? We know how!

Zu Hause und unterwegs – intuitiv und informativ

▶ www.reise-know-how.de

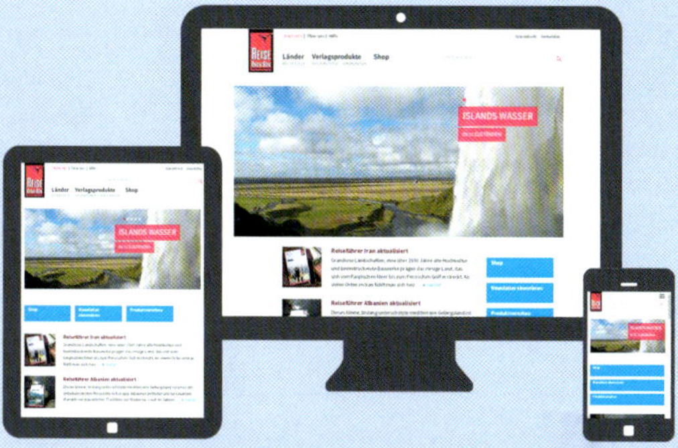

- **Immer und überall** bequem in unserem Shop einkaufen
- Mit **Smartphone, Tablet** und **Computer** die passenden Reisebücher und Landkarten finden
- **Downloads** von Büchern, Landkarten und Audioprodukten
- Alle **Verlagsprodukte** und **Erscheinungstermine** auf einen Klick
- **Online** vorab in den Büchern **blättern**
- Kostenlos **Informationen, Updates** und **Downloads** zu weltweiten Reisezielen abrufen
- **Newsletter** anschauen und abonnieren
- Ausführliche **Länderinformationen** zu fast allen Reisezielen

www.reise-know-how.de

Register

A
Afternoon Tea 72
Air and Space Gallery 32
Albert Square 15
Ancoats 48, 107
Antiquitäten 90
Anreise 110
Apotheke 117
Apps 115
Arzt 117
Ausgehen 77
Ausgehviertel 43
Autofahren 112

B
Bahn 128
Barrierefreies Reisen 112
Bars 81
Barton Arcade 23
BBC 50
Becker, Lydia 35
Beech Road, Chorlton 55
Beetham Tower 29
Behinderte 112
Besonderheiten 10
Biersorten 78
Blues 52
Bonfire Night 96
Borchardt, Louis 35
Botschaft 113
Brexit 105
Bridgewater Hall 37
Briefmarken 119
Brontë-Schwestern 61
Bücher 91
Bummeln 8
Burgess, Anthony 18
Bus 128
Busbahnhof 111
Busby, Matt 52
Buxton 57

C
Cafés 76
Canal Street 43
Castlefield 27, 33, 92
Cathedral Gardens 92
Central Library 18
Chetham, Humphrey 25
Chetham's Library and School of Music 25
Chinatown 43
Chinese New Year 94
Chorlton 55
Chorlton Ees Nature Reserve 93
City Centre 14
Coronation Street 50
Cotton Field 107
Cotton Field Park 92
Craft and Design Centre 91
Curry Mile 41

D
Dashehra Diwali Mela 96
Deansgate 27
Deutsche in Manchester 34
Dialekt 105
Dig the City 95
Diplomatische Vertretungen 113
Dot-to-Dot Festival 94
Drehorte 47

E
EC-Karte 113, 119
Einkaufen 87
Einwanderer 103
Elektrizität 113
Elizabeth Gaskell House 41
Engels, Friedrich 26, 34
Entspannen 92
Essen 67
Etihad Stadium 51
EU-Referendum (2016) 105

F
Fahrrad 119
Feiertage 96
Ferguson, Alex 52
Festivals 94
Film 47
Filmkulisse Manchester 47
First-Street-Projekt 108
Fletcher Moss Botanical Gardens 93
Flughafen 111
Folk Train 58
Free Trade Hall 16
Fremdenverkehrsamt 114
Fußball 51
Fußballklubs 52
Fußballtickets 54
Future Everything 94

G
Gallery of Costume 64
Gastronomie 67
Gay Village 43
Geld 113
Geschenke 89
Geschichte 100
Getränke 67
Gewichte 117
Graffiti 66
Greater Manchester 99
Greater Manchester Police Museum 46
Great Manchester Run 94
Great Northern Contemporary Craft Fair 96
Grillstock Festival 95
Grimm Up North 96
Grünflächen 92

H
Hallé, Charles (Karl Halle) 34
Hallé Orchestra 37
Handy 122
Hardman Square 92
Heaton Park 92
Hebden Bridge 59
Hen Party 82
Holy Name Church 39

HOME 37
Homosexuelle 120
Hotels 123
Hunderennen 118

I

Imbisse 75
Immobilienpreise 103
Imperial War Museum North 49
Industriestadt 98
Informationsquellen 114
Innovation 30
Internet 116
Internetcafés 116
Internetseiten 114
IRA 22, 102, 106

J

John Rylands Library 27
Jugendherbergen 126
Junggesellen-abschiede 82

K

Kanalkreuzfahrten 122
Kartensperrung 119
Kathedrale 24
Kaufhäuser 88
Kinder 117
Kino 86
Konzerte 86
Krankenhaus 117
Kreditkarte 113, 119
Kulturkorridor 38
Kunstgalerien 65
Kunst unter freiem Himmel 66

L

Landkarten 115
Leben in der Stadt 102
Legoland Discovery Centre 54
Lesben 120
LGBT+ 120
Linksverkehr 112
Literaturtipps 116
Livemusik 82
Liverpool 49
Liverpool Airport 112
Lokale 69
Lyme Hall 56

M

Maestro-Karte 113, 119
Mam Tor 59
Manchester Airport 111
Manchester Art Gallery 19
Manchester Beer and Cider Festival 94
Manchester-Bombe 22
Manchester Cathedral 24
Manchester Christmas Markets 96
Manchester City 51, 53
Manchester Day Parade 94
Manchester Folk Train 58
Manchester Food and Drink Festival 96
Manchester Histories Festival 94
Manchester International Festival 94
Manchester Irish Festival 94
Manchester Jewish Museum 64
Manchester Literature Festival 96
Manchester Museum 38
Manchester Picnic 95
Manchester Pride 95
Manchester Science Festival 96
Manchester United 51, 52
Manchester United Museum 51
Manchester Visitor Information Centre 114
Manchester Walking Tours 121
Mancunians 98
Märkte 90
Maße 117
Mayer Rothschild, Nathan 34
Media City UK 50
Medizinische Versorgung 117
Metrolink 129
Metroshuttle-Busse 128
Midland Hotel 17
Mode 89
Morrissey 18
Moss Side Riots 103
Museen 64
Museum of Science and Industry 29
Museum of Transport 64
Musik 90

N

Nachtklubs 83
Nachtleben 77
National Football Museum 23
New Islington 107
Nico 35
NOMA 108
Northern Quarter 45
Notaufnahme 117
Notfälle 118
Notrufnummer 118

O

Öffnungszeiten 119
Old Trafford Football Ground 51
Oxford Road 38

P

Parken 112
Parklife 94
Peak District National Park 56, 60
People's History Museum 28
Peterloo-Massaker 101
Pfund Sterling 113
Piccadilly Gardens 44

Play Factore 55
Polizei 118
Popmusik 84
Post 119
Power Hall 32
Pride Festival 120
Pubs 79

R
Radfahren 119
Raucher 79
Reds 52
Reisezeit 130
re: play Festival 94
Restaurants 69
Revolution Gallery 32
Rolls, Charles Stewart 17
Rosworm, Johan 34
Royal Exchange Theatre 23
Royce, Frederick Henry 17
Rundgang 12
Rylands, John 27

S
Salford Lads Club 51
Salford Quays 48, 92
Schwule 120
Sea Life Manchester 54
Sebald, W.G. 35
Shivering Mountain 59
Shopping 87
Sicherheit 121
Sightseeing Bus Tours 121
Smoker's Guide 79
Sounds from the Other City 94
Sounds of the City 95
Sparkle 120
Spartipps 114
Speisen 67
Sperrnummer 119
Spezialitäten 67
Spinningfields 27, 107
Sprache 105
Sprachhilfe 132
Sprechende Statuen 19
Stadiontour 51 ,54
Stadtentwicklung 106
Stadtgeschichte 100
Stadtspaziergang 12
Stadttouren 121
Stag Party 82
St Ann's Church 20
St Ann's Square 20
St John's Gardens 92
St Mary's Church 20
Straßenbahn 129
Street Art 66
Stromspannung 113
System One Travel Card 127

T
Taxis 130
Teestuben 72, 76
Telefonieren 122
Termine 94
Textiles Gallery 29
Theater 86
The Brontë Parsonage Museum 61
The International Anthony Burgess Foundation 38
The Lowry 49
The Manchester Contemporary 96
The Manchester Picnic 95
The Midland 17
The Monastery 55
The Portico Library and Gallery 20
The Royal Exchange 22
The Trafford Centre 54
The Velvet Underground 35
The Whitworth 40
Touristeninformation 114
Town Hall 14
Trautmann, Bert 35, 53
Trinken 67
Trinkgeld 69
Turing, Alan 45

U
Uhrzeit 123
Underground Manchester Gallery 32
Unterkunft 123

V
Vegetarische Küche 71
Veranstaltungen 94
Verhaltenstipps 126
Verkehrsmittel 127
Verkehrsregeln 112
Victoria Baths 42
Visit Britain 114
Vorwahl 5, 122
Vpay 113

W
Wasserwege 92
Watford Gap 103
Wechselkurs 114
Weihnachtsmarkt 96
Wetter 130
Whitworth 40
Wilson, Tony 36
WLAN 116

Z
Zahnarzt 117
Zeit 123
Zeitungen 115

Die Autorin

Anna Regeniter ist mit Bands wie The Smiths groß geworden, weshalb sie schon früh eine große Liebe für Manchester entwickelte. Nach einem Master-Studium in Literatur an der University of London und einer mehrjährigen Tätigkeit als Journalistin bei verschiedenen Londoner Lokalzeitungen wagte sie 2004 den Umzug nach Nordengland. Seitdem arbeitet sie als Deutschlehrerin in Manchester und verbringt einen großen Teil ihrer Zeit damit, in ihren Klassen zwischen United- und City-Fans Frieden zu stiften. Noch immer ist sie begeistert von der Freundlichkeit und dem Humor der Einwohner, ihrer Liebe zum Feiern und der atemberaubenden Landschaft in der Umgebung.

Schreiben Sie uns

Dieses Buch ist gespickt mit Adressen, Preisen, Tipps und Daten. Unsere Autoren recherchieren unentwegt und erstellen alle zwei Jahre eine komplette Aktualisierung, aber auf die Mithilfe von Reisenden können sie nicht verzichten. Darum: Teilen Sie uns bitte mit, was sich geändert hat oder was Sie neu entdeckt haben. Gut verwertbare Informationen belohnt der Verlag mit einem Sprachführer Ihrer Wahl aus der Reihe „Kauderwelsch".

Kommentare übermitteln Sie am einfachsten, indem Sie die Web-App zum Buch aufrufen (siehe Umschlag hinten) und die Kommentarfunktion bei den einzelnen auf der Karte angezeigten Örtlichkeiten oder den Link zu generellen Kommentaren nutzen. Wenn sich Ihre Informationen auf eine konkrete Stelle im Buch beziehen, würde die Seitenangabe uns die Arbeit sehr erleichtern. Unsere Kontaktdaten entnehmen Sie bitte dem Impressum.

Impressum

Anna Regeniter

CityTrip Manchester

3., neu bearbeitete und aktualisierte Auflage 2018

ISBN 978-3-8317-3125-1
Printed in Germany

Druck und Bindung: Media-Print, Paderborn

Herausgeber: Klaus Werner
Layout: amundo media GmbH (Umschlag, Inhalt), Peter Rump (Umschlag)
Lektorat: amundo media GmbH
Karten: Ingenieurbüro B. Spachmüller, amundo media GmbH
Anzeigenvertrieb: KV Kommunalverlag GmbH & Co. KG, Alte Landstraße 23, 85521 Ottobrunn, Tel. 089 928096-0, info@kommunal-verlag.de
Kontakt: Osnabrücker Str. 79, 33649 Bielefeld, info@reise-know-how.de

---

Bildnachweis

Umschlagvorderseite und Umschlagklappe rechts: Anna Regeniter
Soweit ihre Namen nicht vollständig am Bild vermerkt sind, stehen die Kürzel an den Abbildungen für die folgenden Fotografen, Firmen und Einrichtungen. Anna Regeniter: ar | Alan Williams: aw | David Lake: dl | Hotel Football: hf | Klaus Werner: kw | Marketing Manchester: mm | Richmond Tea Room: rtr | Mr Thomas's Chop House: tch

Liste der Karteneinträge

1 [D3] Town Hall S. 14
2 [D3] Albert Square S. 15
3 [C4] Free Trade Hall S. 16
4 [D4] The Midland S. 17
5 [D4] Central Library S. 18
6 [D4] Manchester Art Gallery S. 19
7 [D3] The Portico Library and Gallery S. 20
8 [C3] St Mary's Church S. 20
9 [C3] St Ann's Square und St Ann's Church S. 20
10 [D2] The Royal Exchange S. 22
11 [C2] Barton Arcade S. 23
12 [D2] National Football Museum S. 23
13 [D2] Manchester Cathedral S. 24
14 [D1] Chetham's Library and School of Music S. 25
15 [C3] John Rylands Library S. 27
16 [B3] People's History Museum S. 28
17 [C5] Beetham Tower S. 29
18 [B4] Museum of Science and Industry S. 29
19 [B5] Castlefield S. 33
20 [C5] HOME S. 37
21 [C5] Bridgewater Hall S. 37
22 [D5] The International Anthony Burgess Foundation S. 38
23 [F7] Manchester Museum S. 38
24 [di] Holy Name Church S. 39
25 [dj] The Whitworth S. 40
26 [dj] Curry Mile S. 41
27 [di] Elizabeth Gaskell House S. 41
28 [ej] Victoria Baths S. 42
29 [E4] Chinatown S. 43
30 [E4] Canal Street S. 43
31 [E3] Piccadilly Gardens S. 44
32 [E2] Northern Quarter S. 45
33 [F3] Greater Manchester Police Museum S. 46
34 [F2] Ancoats S. 48
35 [ai] The Lowry S. 49
36 [ai] Imperial War Museum North S. 49
37 [ai] Media City UK S. 50
38 [bi] Salford Lads Club S. 51
39 [aj] Old Trafford Football Ground und Manchester United Museum S. 51
40 [eh] Etihad Stadium S. 51
41 [s. Faltplan] The Trafford Centre S. 54
42 [s. Faltplan] Beech Road, Chorlton S. 55
43 [fi] The Monastery S. 55
44 [s. Faltplan] Lyme Hall S. 56
45 [s. Faltplan] Buxton S. 57
46 [s. Faltplan] Mam Tor S. 59
47 [s. Faltplan] Hebden Bridge S. 59
48 [s. Faltplan] The Brontë Parsonage Museum S. 61

M3 [dj] Gallery of Costume S. 64
M4 [dg] Manchester Jewish Museum S. 64
M5 [dg] Museum of Transport S. 64
G6 [B4] Artzu Gallery S. 65
G7 [C5] Castlefield Gallery S. 65
G8 [E2] Chinese Art Centre S. 65
G9 [E3] Generation Gallery S. 65
G10 [E2] Richard Goodall Gallery S. 66
11 [B5] Albert's Shed S. 69
12 [C4] Almost Famous S. 69
13 [C3] Artisan S. 69
14 [D5] Gorilla S. 70
15 [E2] Home Sweet Home S. 70
16 [D4] Mr Cooper's S. 70
17 [D3] Mr Thomas's Chop House S. 70
18 [F3] North Star Piccadilly S. 70
20 [E2] Soup Kitchen S. 71
22 [C3] The Lounge at the Manchester House S. 71
23 [E2] The Northern Quarter Restaurant S. 71

24 [C3] The Oast House S. 71
25 [D3] Bistro 1847 S. 71
26 [E2] Earth Café S. 71
27 [E2] V Rev Vegan Diner S. 71
28 [C3] Australasia S. 73
29 [B4] Great John Street Hotel S. 73
31 [C3] Côte Brasserie S. 73
32 [C4] Dimitri's S. 73
33 [C3] El Gato Negro S. 73
34 [D3] Jamie's Italian S. 74
35 [dj] Mughli S. 74
36 [ai] Prezzo S. 75
37 [D2] Salvi's Mozzarella Bar S. 75
38 [D4] Yang Sing S. 75
39 [B5] The Fish Hut S. 75
40 [E2] This & That S. 75
41 [D2] Propertea at Manchester Cathedral S. 76
42 [E4] Richmond Tea Rooms S. 76
43 [E2] Sugar Junction S. 76
44 [F3] Takk Coffee House S. 76
45 [E2] Teacup S. 76
46 [C4] Alberts Schloss S. 79
47 [B2] King's Arms S. 79
48 [D2] Old Wellington Inn/ Sinclair's Oyster Bar S. 79
49 [C5] The Briton's Protection S. 79
50 [F2] The Castle Hotel S. 80
51 [F1] The Marble Arch S. 80
52 [D5] The Peveril of the Peak S. 80
53 [B5] The Wharf S. 80
54 [B4] The White Lion S. 80
55 [D5] Black Dog NWS S. 81
56 [C4] Epernay Champagne Bar S. 81
57 [F3] Kosmonaut S. 81
59 [C3] The Liars Club S. 81
60 [E6] The Sandbar S. 81
61 [D5] The Temple S. 81
62 [E3] Twenty Twenty Two S. 81
63 [F2] Band on the Wall S. 81
64 [E2] Matt & Phreds S. 82
65 [E2] Night & Day Cafe S. 82
66 [C4] The Albert Hall S. 83
67 [E6] The Deaf Institute S. 83
68 [G3] The Jolly Angler S. 83
69 [E5] Fac 251 S. 85
71 [dj] Antwerp Mansion S. 83
72 [bh] Islington Mill S. 83
73 [C3] South S. 85
74 [F2] The Mint Lounge S. 85
75 [G4] The Star and Garter S. 85
76 [G3] The Warehouse Project S. 85
77 [E6] Royal Northern College of Music S. 86
78 [dj] Contact Theatre S. 86
79 [C4] Opera House Manchester S. 86
80 [D5] Palace Theatre S. 86
81 [C4] Odeon Great Northern S. 86
84 [E2] Afflecks S. 88
85 [D2] Arndale S. 88
86 [ai] Lowry Outlet Mall S. 88
87 [E3] Blue Rinse Vintage S. 89
88 [C3] Elite S. 89
89 [E2] Oi Polloi S. 89
90 [E2] Pop Boutique S. 89
91 [D3] Pretty Green S. 89
92 [F2] Retro Rehab S. 89
93 [E2] Beermoth S. 89
94 [E2] Bonbon Chocolate Boutique S. 89
96 [E2] Oklahoma S. 90
99 [F2] Maker's Market S. 90
102 [F2] Eastern Bloc S. 90
103 [D3] Fopp S. 91
104 [E2] Piccadilly Records S. 91
105 [E3] Vinyl Exchange S. 91
106 [E7] Blackwell S. 91
107 [E3] Chapter One S. 91
108 [C3] Waterstone's Deansgate S. 91
109 [E2] Craft and Design Centre S. 91
•111 [G2] Cotton Field Park S. 93
114 [F2] The Koffee Pot S. 93
•115 [E4] Busbahnhof von Manchester S. 111
116 [C1] Parkplatz Gravel Lane (Salford) S. 112

117 [E7] Parkhaus Universitätsviertel S. 112
118 [C5] Parkplatz Q-Park First Street S. 112
119 [E3] Manchester Visitor Information Centre S. 114
@120 [D4] L2K Internet Gaming Cafe S. 116
121 [dj] Manchester Royal Infirmary S. 117
122 [di] University Dental Hospital S. 117
123 [dj] A&A Pharmacy S. 117
•124 [fj] Belle Vue Greyhound Stadium S. 118
125 [D4] City Centre Public Enquiry Counter S. 118
126 [D3] Hauptpostamt (Post Office) S. 119
127 [E4] The Eagle S. 120
128 [E4] The Molly House S. 120
129 [E4] Vanilla S. 120
130 [E4] Via S. 120
132 [B4] Castlefield Hotel S. 123
134 [F4] DoubleTree by Hilton Hotel Manchester – Piccadilly S. 124
135 [B4] Great John Street Hotel S. 124
136 [ai] Hotel Football S. 124
137 [D4] ibis Manchester Centre Portland Street S. 124
138 [F3] Malmaison S. 124
139 [F4] Motel One Manchester-Piccadilly S. 125
140 [E4] New Union Hotel S. 125
141 [D4] Novotel Manchester Centre S. 125
142 [F3] Premier Inn Manchester City Centre S. 125
143 [bi] AC Hotel Manchester Salford Quays S. 125
144 [D4] Roomzzz Aparthotel S. 125
146 [D2] The Mitre S. 125
147 [B4] The Oxnoble S. 126
148 [D5] The Principal S. 126
149 [E2] Hatters at Hilton Chambers S. 126
150 [A4] YHA Manchester S. 126

Hier nicht aufgeführte Nummern liegen außerhalb der abgebildeten Karten. Ihre Lage kann aber wie die von allen Ortsmarken im Buch mithilfe der Web-App angezeigt werden (s. S. 143).

Zeichenerklärung

- Hauptsehenswürdigkeit
- Arzt, Apotheke, Krankenhaus
- Bar, Bistro, Treffpunkt
- Bed and Breakfast
- Café, Eiscafé, Teestube
- Galerie
- Geschäft, Kaufhaus, Markt
- Hotel, Unterkunft
- Imbiss
- Informationsstelle
- Internetcafé
- Jugendherberge, Hostel
- Kino
- Kirche
- Moschee
- Museum
- Musikszene, Disco
- Parkplatz
- Polizei
- Postamt
- Pub, Kneipe
- Restaurant
- Schwimmbad
- Sonstiges
- Theater, Zirkus
- Vegetarisches Restaurant

- Railway-Station
- Metrolink-Station

- Shoppingareal
- Gastro- und Nightlife-Areal
- Stadtspaziergang (s. S. 12)

★★★ nicht verpassen
★★ besonders sehenswert
★ wichtig für speziell interessierte Besucher

Manchester mit PC, Smartphone & Co.

QR-Code auf dem Umschlag scannen oder **www.reise-know-how.de/citytrip/manchester18** eingeben und die **kostenlose Web-App** aufrufen (Internetverbindung zur Nutzung nötig)!

★**Anzeige der Lage und Satellitenansicht aller** beschriebenen Sehenswürdigkeiten und weiteren Orte
★**Routenführung** vom aktuellen Standort zum gewünschten Ziel
★**Exakter Verlauf** des empfohlenen Stadtspaziergangs
★**Audiotrainer** der wichtigsten Wörter und Redewendungen
★**Updates** nach Redaktionsschluss

GPS-Daten zum Download

Die KML-Daten aller Ortsmarken können hier geladen werden: www.reise-know-how.de, dann das Buch aufrufen und zur Rubrik „Datenservice" scrollen.

Stadtplan für mobile Geräte

Um den Stadtplan auf Smartphones und Tablets nutzen zu können, empfehlen wir die App „Avenza Maps" der Firma Avenza™. Der Stadtplan wird aus der App heraus geladen und kann dann mit vielen Zusatzfunktionen genutzt werden.

Die Web-App und der Zugriff auf diese über QR-Codes sind eine freiwillige, kostenlose Zusatzleistung des Verlages. Der Verlag behält sich vor, die Bereitstellung des Angebotes und die Möglichkeit der Nutzung zeitlich und inhaltlich zu beschränken. Der Verlag übernimmt keine Garantie für das Funktionieren der Seiten und keine Haftung für Schäden, die aus dem Gebrauch der Seiten resultieren. Es besteht ferner kein Anspruch auf eine unbefristete Bereitstellung der Seiten.

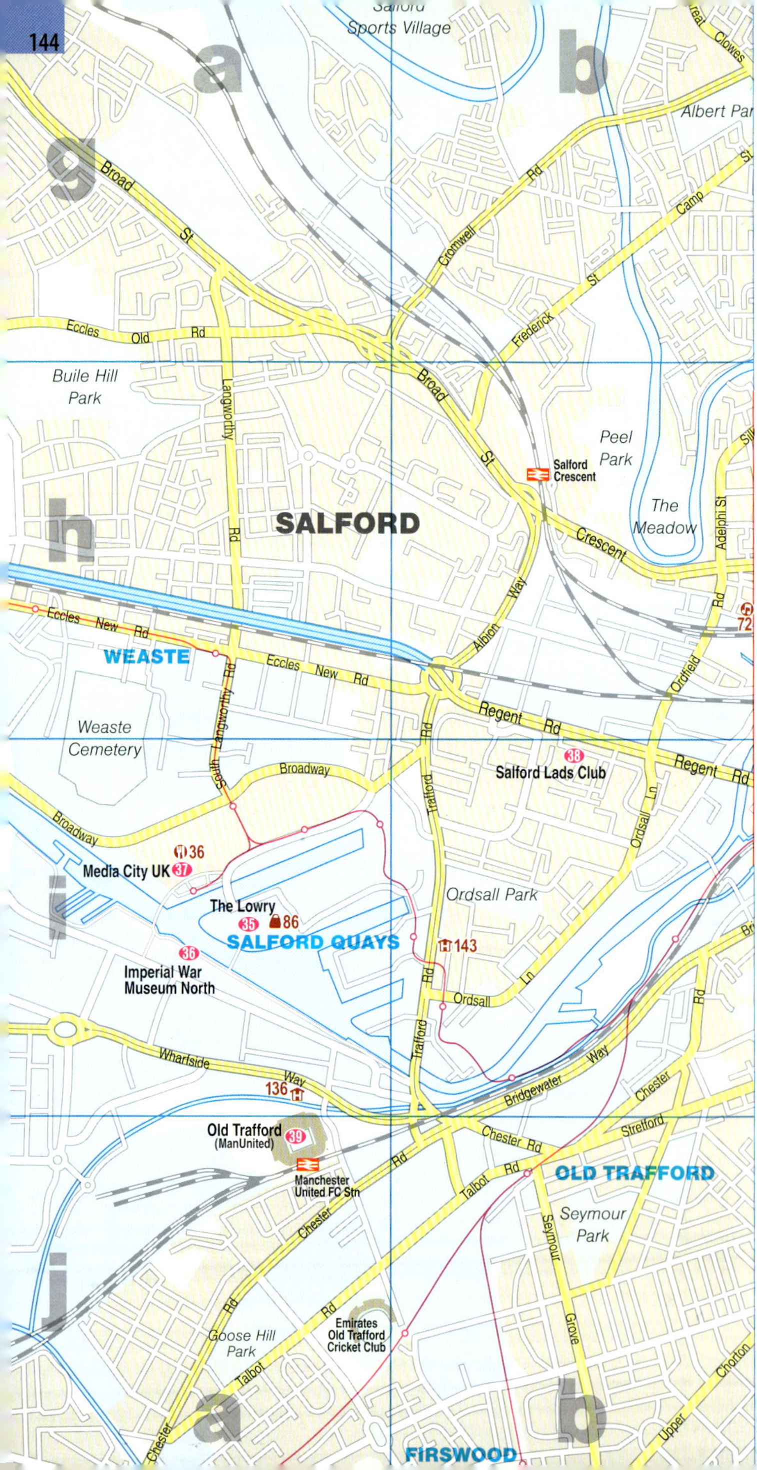
Salford Sports Village
a
b
g
h
i
j
Broad St
Cromwell Rd
Albert Park
Camp St
Frederick St
Eccles Old Rd
Buile Hill Park
Langworthy Rd
Peel Park
Salford Crescent
The Meadow
SALFORD
Crescent
Adelphi St
Albion Way
Eccles New Rd
WEASTE
72
Ordsall Rd
Regent Rd
Weaste Cemetery
South Langworthy Rd
Broadway
Trafford Rd
38
Salford Lads Club
Ordsall Ln
36
Media City UK
37
The Lowry
35
86
SALFORD QUAYS
Ordsall Park
143
36
Imperial War Museum North
Wharfside Way
Bridgewater Way
136
Old Trafford
(ManUnited)
39
Manchester United FC Stn
Chester Rd
Stretford Rd
Talbot Rd
OLD TRAFFORD
Seymour Park
Seymour Grove
Goose Hill Park
Emirates Old Trafford Cricket Club
Upper Chorlton
FIRSWOOD